눈으로 즐겁게 배우는 일본어 漢字

24 STEP

눈으로 즐겁게 배우는 일본어 漢字

엮은이 이순형 · 이치시마 유키코 · 가메야마 다이스케

한국문화사

24 STEP

눈으로 즐겁게 배우는 일본어 漢字

초판인쇄   2010년 8월 10일
초판발행   2010년 8월 20일

엮 은 이   이순형·이치시마 유키코·가메야마 다이스케
펴 낸 이   김 진 수
펴 낸 곳   **한국문화사**
등   록   1991년 11월 9일 제2-1276호
주   소   서울특별시 성동구 구의로3 두앤캔B/D 502
전   화   (02)464-7708 / 3409-4488
전   송   (02)499-0846
이 메 일   hkm77@korea.com
홈페이지   www.hankookmunhwasa.co.kr

ISBN 978-89-5726-783-7   93730

머리말

필자는 다년간 대학교에서 일본어를 가르치면서 한국인 일본어 학습자들의 학습을 저해하는 다양한 요인이 존재함을 실감해 왔습니다. 그 중에서 특히 일본어 한자 읽기 및 쓰기에 대해서 학습자들이 많은 학습 부담을 안고 있음을 알게 되었습니다.

처음에는 한국어에도 한자가 있기 때문에 한자 학습에 대한 부담은 학습자 당사자가 학습을 게을리한 데서 비롯된 문제로만 여겼습니다. 그러나 일본어 한자와 한국어 한자가 다르고, 게다가 히라가나와 가타카나, 한자까지 세 가지 문자를 동시에 습득해야 하는 학습자들의 처지를 고려해볼 때 '유익하고 흥미로운 한자 습득을 가능하게 하는 방법은 없을까' 라고 늘 고민해 왔습니다.

지금까지의 한자 교재를 살펴보면 쓰기 교본의 형태로 필순과 부수를 제시하고 한자를 무조건 암기하게 하는 내용의 교재가 주류를 이루고 있습니다. 최근의 일본어 교재는 각종 영상이나 그림 등을 활용한 즉, 시각적인 측면을 중시하는 추세를 보이고 있습니다. 이러한 현 추세를 감안해 볼 때 한자가 지닌 시각적인 특징을 최대한 살릴 수 있는 교재 개발이 필요하다고 늘 생각해 오고 있었습니다.

그러던 중에 평소 공동 연구와 저서 번역 등으로 학문적인 인연을 맺어온 일본 도야마 대학교富山大学의 나카이 세이치中井精一 선생님으로부터 한자 교재 개발에 대해 제안을 받게 되었습니다. 평소 한자 교재 개발에 대한 필요성을 절실히 통감하고 있던 터라 나카이 선생님의 제안을 흔쾌히 수락하고 이번에 선생님의 제자인 부경대학교의 이치시마 유키코 선생님, 전 신라대학교의 가메야마 다이스케 선생님과 함께 시각적인 효과를 최대한 살린 한자 교재를 만들게 되었습니다.

본 교재는 각 과에서 한자를 범주별로 분류할 때 종래의 틀에 얽매이지 않고 한국인 일본어 학습자의 눈에 비치는 한자의 「형태적 공통성」이나 「주의해야 할 포인트」에 주목하여 집필하였습니다. 자세한 것은 본 교재의 <이 교재에 대해서> 부분을 보시면 보다 상세하게 알 수 있으리라 생각합니다만, 가능한 한 각 과에 나오는 어휘 수를 줄이고 한자 퀴즈를 넣음으로써 다량의 한자 지식을 단순히 주입한다는 이미지에서 탈피하고자 최대한 심혈을 기울였습니다. 또한 전체 24과로 구성하여 새로운 일본어능력시험 N4한자(181자)를 모두 학습할 수 있도록 엮었습니다. 특히 자신의 일본어 레벨을 정확하게 인지하지 못하는 학습자들을 위하여 우선 본 교재의 마지막 부분에 게재한 [N5한자 실력테스트]부터 시작할 수 있도록 하였습니다.

아울러 본 교재는 대학교 수업 교재로 사용할 것을 고려하여 24과를 Part1과 Part2로 나누어 엮었습니다. 즉, Part1과 Part2를 각각 1학기와 2학기로 나누어서 사용이 가능하도록 하였습니다. 일본어 한자수업이 아니더라도 교양 일본어 수업의 부교재로도 부담없이 활용이 가능하다는 점이 본 교재의 가장 큰 장점이라고 하겠습니다.

끝으로 본 교재를 한국인 일본어 학습자용으로 출판할 기회를 제공해 주신 한국문화사 김진수 사장님과 관계자분들에게 감사를 드립니다.

2010년 초하에
저자일동

■ Part1에서 79자, Part2에서 102자, 합계 181자를 공부합니다.

【도입 導入】

일러스트를 참고하면서 새로운 한자에 대해서 공부합니다. 한자를 기억할 때 도움이 되도록 또 즐겁게 학습할 수 있도록 일러스트를 많이 사용했습니다. (※1)

1

【연습문제(읽기) 練習問題(読み)】

왼쪽 페이지에서 학습한 한자에 대해 읽기 연습을 합니다.
  1 에서는 단어를
  2 에서는 문장중에 나오는 어휘
를 읽습니다. (※2)

3

2

【신출한자 · 읽는 법 · 단어 新出漢字 · 読み方 · 単語】

■ 음독은 가타카나로 훈독은 히라가나로 표기했습니다.

■ 학습하는 한자어휘의 양을 고려하여 기본적으로 하나의 한자에 2개의 어휘를 제시하였습니다. 그 이외에 필요하다고 생각되는 어휘는 1 STEP UP ! 에서 별도로 제시하였습니다. 우선은 무리가 없는 범위내에서 2개의 어휘를 암기한 후 1 STEP UP ! 으로 나아가면 좋으리라 생각합니다.

■ 「※」는 이 교재에서는 학습하지 않은 한자가 포함되어 있지만 일상생활에서 자주 사용하는 중요한 단어를 의미합니다. 주로 읽기문제로 연습합니다.

■ 「*」는 때에 따라 교사가 설명할 필요가 있는 단어를 의미합니다.
  (이해하기 어려운 단어, 일본어와 한국어의 의미 차이가 있는 단어, 읽는 법이 여러 가지인 단어 등)

【연습문제(쓰기) 練習問題(書き)】

새롭게 학습한 한자에 대해서 쓰기 연습을 합니다.
 3 에서는 단어만을,
 4 에서는 문장중에 나오는 어휘를 씁니다.
한자나 단어를 실제로 써 봄으로서 자형이나 독음 등의 지식을 넓힘과 동시에 문맥에서 판단하여 정확하게 쓰는 능력을 기릅니다.

4

【한자퀴즈 漢字クイズ】

각 레슨에서 학습한 한자에 대해 자형의 정확함이나 부수의 차이를 의식하도록 퀴즈형식으로 문제를 만들었습니다.
다만 단순히「읽기」,「쓰기」연습을 반복하는 것이 아니라 퀴즈형식으로 학습함으로서 정확한 자형이나 애매한 한자의 차이를 의식하게 하는 것에 목적을 둡니다.

5

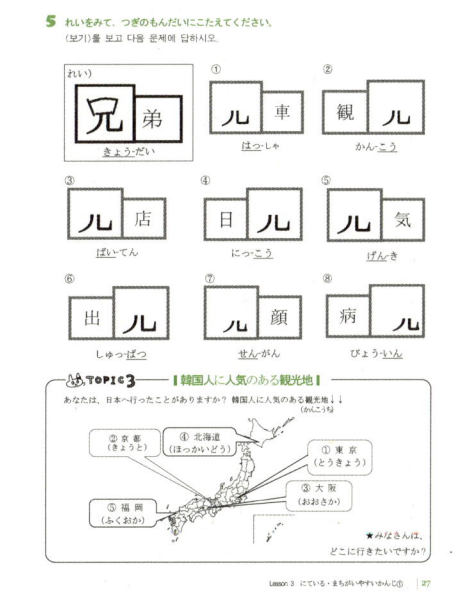

6

【토픽 トピック】 ⇒(토픽내용은 토픽일람에서)

● 단조로워지기 쉬운 한자학습의 기분전환으로 마지막에 토픽을 넣었습니다.
● 기본적으로는 각 레슨의 신출단어와 관계가 있는 화제를 채택했습니다.(※ 3)
● 너무 딱딱하지 않고 흥미를 느끼며 가벼운 마음으로 읽을 수 있는 내용으로, 토픽내용에서는 난이도에 관계없이 한자를 사용하고 있습니다.

※ 1 한자학습에 어려움을 느끼는 한국인 학습자가 즐겁고 부담없이 학습할 수 있는 것이 중요하다고 판단하여 본래의 자원(字源)이나 형성과정과는 다르게 설명하는 부분이 있습니다.
※ 2 새로운 일본어능력시험 N5에 나오는 한자도 반복해서 연습하면서 외울 수 있도록 문제에 도입하였습니다.
※ 3 한자퀴즈 분량관계로 토픽이 없는 레슨도 있습니다.

레슨별 새로운 일본어능력시험 N4 한자 대응표

(※181字/ N5한자는 포함하지 않습니다)

Lesson	한자	소리(음)	뜻(훈)
1	工	공	장인
	力	력	힘
	夕	석	저녁
	田	전	밭
	回	회	돌아오다, 횟수
	図	도	그림
	品	품	물건, 상품
2	正	정	올바르다
	止	지	그치다
	世	세	인간, 세상
	区	구	지경, 구역
	医	의	의원
	町	정	밭두둑, 시가지, 지방자치단체의 하나.
	画	화/획	그림/긋다
	計	계	세다, 셈하다
3	兄	형	형
	元	원	으뜸, 시초
	光	광	빛
	売	매	팔다
	発	발	피다, 쏘다
	洗	세	씻다, 다듬다
	院	원	집
4	写	사	베끼다
	考	고	생각, 살피다
	引	인	끌다, 인도하다
	強	강	굳세다
	弱	약	약하다
	弟	제	아우
	台	태/대	별, 태풍/건축, 받침
	合	합	합하다
	答	답	대답, 회답
5	不	부/불	아니다, 없다
	文	문	글월, 문장
	英	영	꽃부리, 뛰어나다
	赤	적	붉다
	京	경	서울, 수도
	界	계	지경, 경계
6	思	사	생각

Lesson	한자	소리(음)	뜻(훈)
6	急	급	급하다, 중요하다
	悪	악/오	악하다/미워하다
	意	의	뜻
	冬	동	겨울
	寒	한	차다, 떨다
	黒	흑	검다, 어둡다
	鳥	조	새
7	明	명	밝다
	春	춘	봄
	朝	조	아침
	昼	주	낮
	暗	암	어둡다, 숨기다
	暑	서	덥다
8	早	조	이르다, 서두르다
	映	영	비치다, 반사하다
	曜	요	빛나다, 비추다
	音	음	소리
	者	자	사람
	都	도	도읍, 서울
	借	차	꾸다, 빌리다
9	自	자	스스로, 자기
	首	수	머리, 우두머리
	着	착	붙다, 옷을입다
	県	현	고을, 매달다
	夏	하	여름
	真	진	참, 진리
10	員	원	인원, 수효
	質	질	바탕, 본질
	貸	대	빌리다, 꾸다
	頭	두	머리, 우두머리
	顔	안	낯, 안면
	題	제	제목
	親	친	친하다
11	転	전	구르다, 회전하다
	軽	경	가볍다
	運	운	옮기다

레슨별 새로운 일본어능력시험 N4 한자 대응표

(※181字 / N5한자는 포함하지 않습니다)

Lesson	한자	소리(음)	뜻(훈)	Lesson	한자	소리(음)	뜻(훈)
11	重	중	무겁다	15	池	지	못
	動	동	움직이다		地	지	땅
	働	동	굼닐다, 일하다 (일본식한자)	16	好	호	좋다
	理	리/이	다스리다		姉	자	손윗누이
	野	야	들, 민간		妹	매	손아래누이
12	門	문	문, 집안		始	시	비로소, 먼저
	問	문	묻다, 방문하다		林	림	수풀
	開	개	열다, 피다		森	삼	수풀, 빽빽하다
	同	동	같다, 무리		楽	락/악/요	즐기다/노래하다/좋아하다
	用	용	쓰다, 부리다		薬	약	약
	風	풍	바람, 풍속		集	집	모으다
	字	자	글자		乗	승	타다, 오르다
	室	실	집, 건물		業	업	일, 직업
	家	가	집	17	仕	사	섬기다, 일하다
	究	구	연구하다		作	작	짓다, 창작하다
	堂	당	집		体	체	몸, 용렬하다
13	広	광	넓다		使	사	하여금, 시키다
	度	도/탁	법도, 횟수/헤아리다		便	편/변	편하다/오줌똥
	産	산	낳다, 태어나다		漢	한	한나라
	病	병	병, 근심		洋	양	큰바다
	声	성	소리	18	私	사	사사, 가족
	有	유	있다, 가지다		秋	추	가을
14	近	근	가깝다, 비슷하다		知	지	알다
	送	송	보내다, 전송하다		短	단	짧다
	進	진	나아가다, 전진하다		旅	여	나그네, 객지
	通	통	통하다, 알리다		族	족	겨레
	建	건	세우다, 일으키다		紙	지	종이
	起	기	일어나다		終	종	마치다, 끝내다
	勉	면	힘쓰다	19	牛	우	소
15	主	주	임금, 주인		肉	육	고기
	住	주	살다, 거주하다		菜	채	나물
	注	주	붓다, 물을대다		茶	차/다	차
	持	지	가지다, 손에 쥐다		飯	반	밥
	待	대	기다리다		屋	옥	집
	特	특	특별하다, 뛰어나다		海	해	바다
					味	미	맛

레슨별 새로운 일본어능력시험 N4 한자 대응표

(※181字 / N5한자는 포함하지 않습니다)

Lesson	한자	소리(음)	뜻(훈)
20	犬	견	개
	太	태	크다
	以	이	써, 까닭
	村	촌	마을
	代	대	대신하다
	試	시	시험
	夜	야	밤
	遠	원	멀다
	低	저	낮다
21	方	방	모, 본뜨다
	去	거	가다, 버리다
	走	주	달리다, 걷다
	歩	보	걸음
	事	사	일
	場	장	마당, 구획
	所	소	바, 곳
	別	별	다르다, 나누다
	帰	귀	돌아가다
22	切	절/체	끊다/온통
	験	험	시험하다
	習	습	익히다
	教	교	가르치다
	研	연	갈다, 연구하다
	説	설	말씀
	歌	가	노래
	料	료	헤아리다
	館	관	집
23	市	시	저자, 시장
	民	민	백성, 사람
	心	심	마음
	青	청	푸르다
	銀	은	은, 화폐
	色	색	색, 색채
	死	사	죽다, 생기없다
	服	복	옷, 의복
	物	물	물건

토픽일람

Part 1

	関連単語	TOPIC
Warming-up	×	×
L1	田中さん	韓国人と日本人のなまえ
L2	区	東京の23区
L3	観光	韓国人に人気のある観光地
L4	台所	台所のことば
L5	業界	大学生に人気のある業界
L6	×	×
L7	朝食	日本の朝食はなにを食べる?
L8	映画	韓国映画, 日本語で何?
L9	県	人口が多いのはどこ?
L10	頭/顔	頭と顔のかんようく
L11	料理	韓国料理は日本語で何?

Part 2

	関連単語	TOPIC
L12	×	×
L13	病院	日本の病院と「科」??
L14	通信	日本のけいたいでんわ
L15	特急	特急より早い「しんかんせん」
L16	乗車	乗車中のマナー
L17	漢字	JLPTにひつような漢字
L18	新聞	日本の有名な新聞
L19	肉	日本の有名な肉料理
L20	×	パソコンの字/手書きの字
L21	×	あの人の名前の漢字は?①
L22	歌手/小説	あの人の名前の漢字は?②
L23	動物	韓国語・日本語 動物の名前

목 차

■ 머리말
■ 이 교재에 대하여
■ Lesson별 새로운 일본어능력시험 N4한자 대응표
■ 토픽일람
■ 목차

Part 1

【Warming-up】 学校せいかつのかんじ 학교생활 한자 ·· 14

Lesson 1   カタカナとにている/口のかんじ 가타카나와 닮았거나/口모양의 한자 ····················· 16
           工・力・夕・田・回・図・品 [7]   ※〔 〕는 한자 갯수

Lesson 2   しかくいかんじ 네모난 한자 ·· 20
           正・止・世・区・医・町・画・計 [8]

Lesson 3   にている・まちがいやすいかんじ① 모양이 닮아 틀리기 쉬운 한자① ·························· 24
           兄・元・光・売・発・洗・院 [7]

Lesson 4   にている・まちがいやすいかんじ②모양이 닮아 틀리기 쉬운 한자② ···························· 28
           写・考・引・強・弱・弟・台・合・答 [9]

Lesson 5   にている・まちがいやすいかんじ③모양이 닮아 틀리기 쉬운 한자③ ···························· 32
           不・文・英・赤・京・界 [6]

Lesson 6   下に何かつくかんじ 아래에 무언가 붙는 한자 ·· 36
           思・急・悪・意・冬・寒・黒・鳥 [8]

Lesson 7   「日」をつかって書くかんじ① 「日」을 사용해 쓰는 한자① ··· 40
           明・春・朝・昼・暗・暑 [6]

Lesson 8   「日」をつかって書くかんじ② 「日」를 사용해 쓰는 한자② ··· 44
           早・映・曜・音・者・都・借 [7]

Lesson 9   「目」をつかって書くかんじ① 「目」를 사용해 쓰는 한자① ··· 48
           自・首・着・県・夏・真 [6]

Lesson 10   「目」をつかって書くかんじ② 「目」를 사용해 쓰는 한자② ··· 52
           員・質・貸・頭・顔・題・親 [7]

Lesson 11   「車」「重」「里」のかんじ 「車」「重」「里」를 사용한 한자 ··· 56
           転・軽・運・重・動・働・理・野 [8]

Part 1 ふくしゅうテスト 복습테스트 ··· 60

Part 2

Lesson 12　かたちがにているかんじ①(上から) (かまえ／かんむり etc) ················· 62
　　　　　모양이 닮은 한자(위쪽 부분) (「冂」「亠」「宀」 etc)
　　　　　門・問・開・同・用・風・字・室・家・究・堂 [11]

Lesson 13　かたちがにているかんじ②(左へ) (たれ etc) ···························· 66
　　　　　모양이 닮은 한자② (왼쪽 부분) (「广」「疒」 etc)
　　　　　広・度・産・病・声・有 [6]

Lesson 14　かたちがにているかんじ③(下へ) (しんにょう etc) ····················· 70
　　　　　모양이 닮은 한자③ (아래쪽 부분) (「辶」etc)
　　　　　近・送・進・通・建・起・勉 [7]

Lesson 15　にている・まちがいやすいかんじ④(右がおなじつくり) ··············· 74
　　　　　모양이 닮아 틀리기 쉬운 한자④ (오른쪽이 같은 구조)
　　　　　主・住・注・持・待・特・池・地 [8]

Lesson 16　にている・まちがいやすいかんじ⑤(女へんと木) ····················· 78
　　　　　모양이 닮아 틀리기 쉬운 한자⑤ (「女」부수와 「木」)
　　　　　好・姉・妹・始・林・森・楽・薬・集・乗・業 [11]

Lesson 17　にている・まちがいやすい漢字⑥ (へんが同じ) ····················· 82
　　　　　모양이 닮아 틀리기 쉬운 한자⑥ (왼부수가 동일)
　　　　　仕・作・体・使・便・漢・洋 [7]

Lesson 18　にている・まちがいやすい漢字⑦(へんが同じ) ····················· 86
　　　　　모양이 닮아 틀리기 쉬운 한자⑦ (왼부수가 동일)
　　　　　私・秋・知・短・旅・族・紙・終 [8]

Lesson 19　食べもの大好き！ 음식 너무 좋아! ································· 90
　　　　　牛・肉・菜・茶・飯・屋・海・味 [8]

Lesson 20　一画わすれないで！ 1획 잊지 마! ···························· 94
　　　　　犬・太・以・村・代・試・夜・遠・低 [9]

Lesson 21　まとめておぼえたい漢字① 묶어서 외우면 좋은 한자① ··············· 98
　　　　　方・去・走・歩・事・場・所・別・帰 [9]

Lesson 22　まとめておぼえたい漢字② 묶어서 외우면 좋은 한자② ············· 102
　　　　　切・験・習・教・研・説・歌・料・館 [9]

Lesson 23　まとめておぼえたい漢字③ 묶어서 외우면 좋은 한자③ ············· 106
　　　　　市・民・心・青・銀・色・死・服・物 [9]

Part 2 ふくしゅうテスト 복습테스트 ······································· 110
N5漢字 実力テスト N5한자 실력테스트 ································· 112
練習問題答 연습문제 답안 ··· 114
復習テスト・実力テスト答 복습테스트・실력테스트 답안 ··············· 154

【warming up】学校せいかつのかんじ
학교 생활 한자

まずは、がっこうせいかつのかんじを、よめるようになりましょう！

우선은 학교 생활 한자를 읽을 수 있도록 합시다!

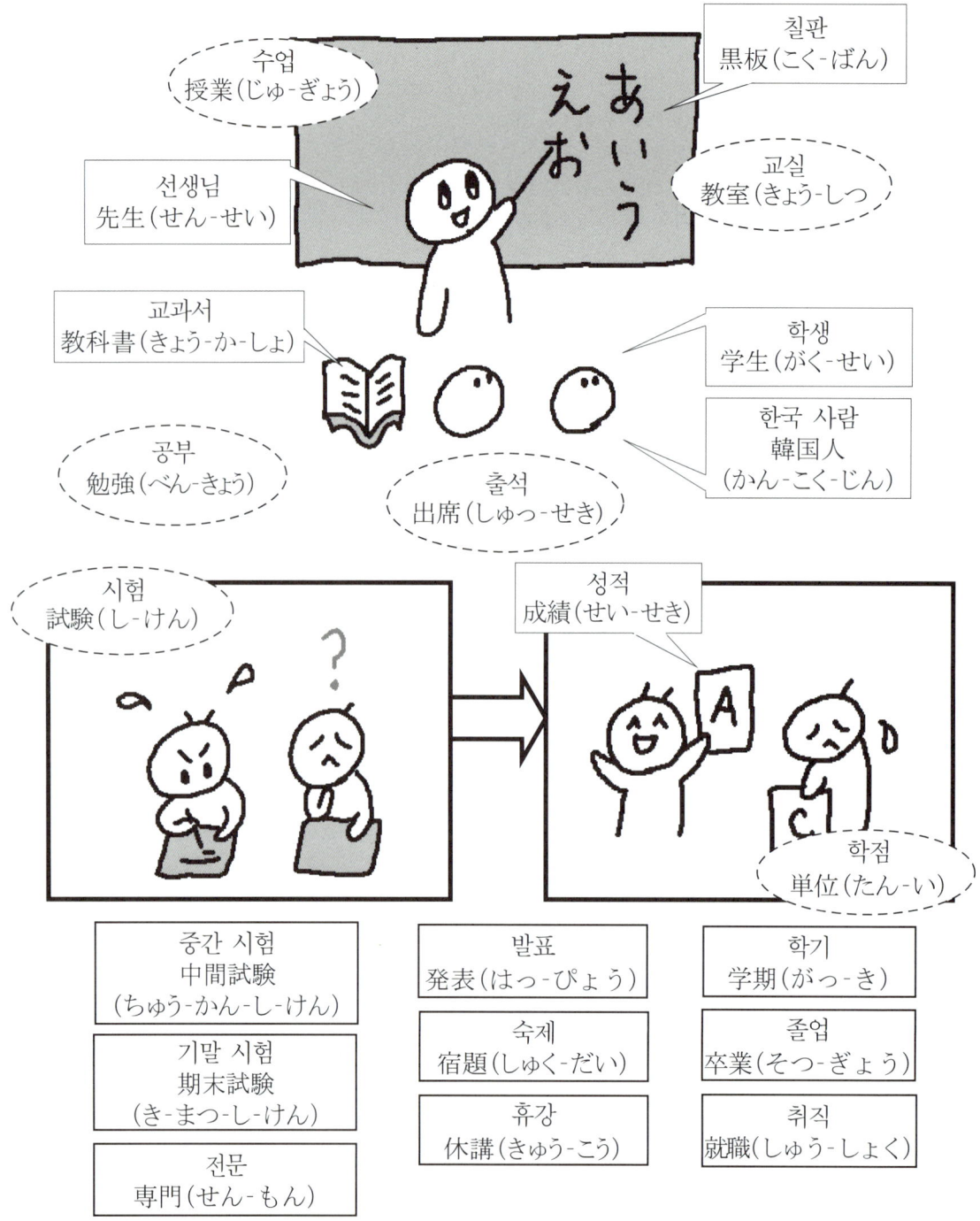

칠판
黒板(こく-ばん)

수업
授業(じゅ-ぎょう)

선생님
先生(せん-せい)

교실
教室(きょう-しつ)

교과서
教科書(きょう-か-しょ)

학생
学生(がく-せい)

한국 사람
韓国人
(かん-こく-じん)

공부
勉強(べん-きょう)

출석
出席(しゅつ-せき)

시험
試験(し-けん)

성적
成績(せい-せき)

학점
単位(たん-い)

중간 시험
中間試験
(ちゅう-かん-し-けん)

발표
発表(はっ-ぴょう)

학기
学期(がっ-き)

기말 시험
期末試験
(き-まつ-し-けん)

숙제
宿題(しゅく-だい)

졸업
卒業(そつ-ぎょう)

전문
専門(せん-もん)

휴강
休講(きゅう-こう)

취직
就職(しゅう-しょく)

1 つぎのかんじのよみかたをこたえてください。

다음 한자의 읽기를 답하시오(히라가나로).

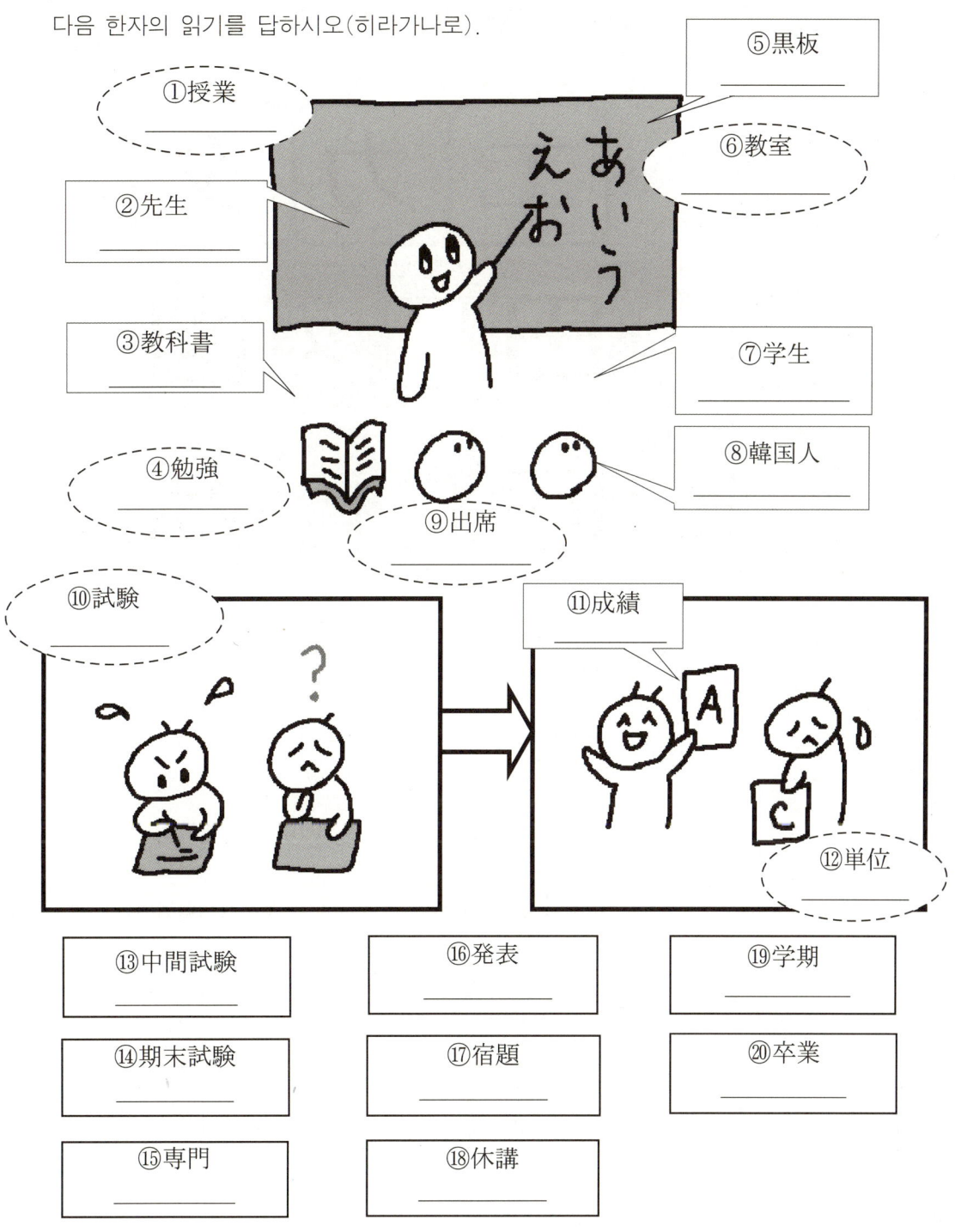

①授業
_____

②先生
_____

③教科書
_____

④勉強
_____

⑤黒板
_____

⑥教室
_____

⑦学生
_____

⑧韓国人
_____

⑨出席
_____

⑩試験
_____

⑪成績
_____

⑫単位
_____

⑬中間試験
_____

⑭期末試験
_____

⑮専門
_____

⑯発表
_____

⑰宿題
_____

⑱休講
_____

⑲学期
_____

⑳卒業
_____

※むずかしいかんじは、まず、よむれんしゅうからしましょう～！
※어려운 한자는 우선 읽기 연습부터 합시다～!

カタカナ とにている / □のかんじ
가타카나와 닮았거나/□모양의 한자

字	オン	くん	漢字のことば	
工	コウ/ク		こう-じ 工 事 (공사)	こう-じょう 工 場 (공장)
力	リョク	ちから	か-りょく 火 力 (화력)	ちから 力 (힘)
夕		ゆう	ゆう-がた 夕 方 (저녁)	ゆう-しょく 夕 食 (저녁 식사)
田	デン	た	すい-でん 水 田 (수전)	た-なか 田中さん (다나카씨)
回	カイ	まわ-ります まわ-します	いっ-かい 一 回 (일회/한 번)	まわ 回ります (돕니다)
図	ト/ズ		と-しょ-かん 図書館 (도서관)	ち-ず 地図 (지도)
品	ヒン	しな	ひん-しつ 品 質 (품질)	しな-もの 物 品 (물품)

1 STEP UP!

こう-ぎょう
工 業 (공업) く-ふう*
工 夫 (궁리) でん-りょく
전 력 (전력) しょう-ひん*
商 品 (상품)

1 つぎの _____ のよみかたをこたえてください。

다음 _____의 읽기를 답하시오(히라가나로).

① 工じ(工事) 〔 じ 〕   ② 工ふう(工夫) 〔 ふう 〕

③ 工ぎょう(工業) 〔 ぎょう 〕   ④ 火力 〔 〕

⑤ 夕方 〔 〕   ⑥ 水田 〔 〕

⑦ 一回 〔 〕   ⑧ ち図(地図) 〔 ち 〕

⑨ 図書かん(図書館) 〔 かん 〕   ⑩ 品しつ(品質) 〔 しつ 〕

⑪ 力 〔 〕   ⑫ しょう品(商品) 〔 しょう 〕

2 つぎのぶんしょうの、_____ のよみかたをこたえてください。

다음 문장의 _____의 읽기를 답하시오(히라가나로).

① わたしの学校は、今、工じ中です。

② プサン(부산)のち図は、ありますか?

③ SONYの電気せい品は、品しつがいいです。

④ 毎日、かれしと図書かんに行きます♪

⑤ 一日に一回、母に電話をします。

⑥ 今日は、夕方まで授業があって、とてもつかれました。

⑦ わたしのふるさとには、水田がたくさんあります。

⑧ 父はとても力がつよくて、男らしいです。

⑨ 今年から、日本語のほかに、工ぎょうのべんきょうもするつもりです。

⑩ いいせいせきがもらえるように、工ふうしてレポートを書きました。

⑪ このお店でしか買えない しょう品があります。

⑫ かん国は、火力はつ電がとても多いです。

3 つぎの ___ をかんじにしてください。

다음 _____을 한자로 바꾸시오.

① こうじょう [ ][じょう]　　② でんりょく [ ][ ]

③ ちから [ ]　　　　　　　　④ ゆうしょく [ ][ ]

⑤ としょ [ ][ ]　　　　　　⑥ しなもの [ ][もの]

⑦ くふう [ ][ふう]　　　　　⑧ まわります [ ][ります]

⑨ たなかさん [ ][ ][さん]

4 つぎのぶんしょうの ___ を、かんじにしてください。

다음 문장의 _____을 한자로 바꾸시오.

① ナンポドン(남포동)には、やすくていいしなものが、たくさんありますよ！

② なつは、でんりょくのしょうひが、とてもおおくなります。

③ おなかがすいて、ちからがでません。

④ めがまわって、まっすぐあるけません。

⑤ たなかさんは、すごくきれいでにんきがあるそうです。

⑥ わたしのこうこうのとなりには、おおきな こうじょうがあります。

⑦ きょうのゆうしょくは、なににしようかな？

⑧ にほんごのべんきょうほうほうを、もっとくふうしてください。

⑨ あしたの10じ、としょかんのまえであいましょう。

たなかさん

5 れいをみて、つぎのもんだいにこたえてください。

(보기)를 보고 다음 문제에 답하시오.

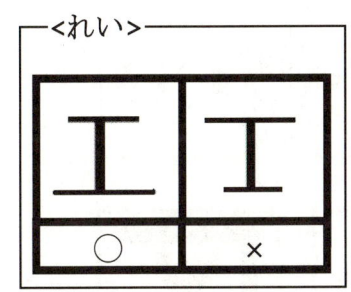

① 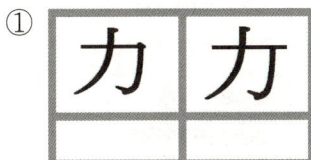　② 　③

④ 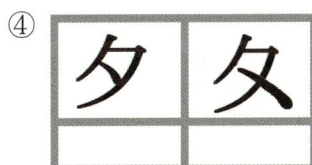　⑤ 　⑥

TOPIC 1 ──── ‖韓国人と日本人のなまえ‖

韓国人
やく ２８０ しゅるい(種類)
(※人口：4860万人)

① 김(金 / キム)・・・990万人
② 이(李 / イ)・・・680万人
③ 박(朴 / パク)・・・390万人
④ 최(崔 / チェ)・・・220万人
⑤ 정(鄭 / ジョン)・・200万人

日本人
やく ３０万 しゅるい(種類)
(※人口：１おく2000万人)

① 佐藤(さとう)・・・190万人
② 鈴木(すずき)・・・170万人
③ 高橋(たかはし)・・140万人
④ 田中(たなか)・・・135万人
⑤ 渡辺(わたなべ)・・115万人

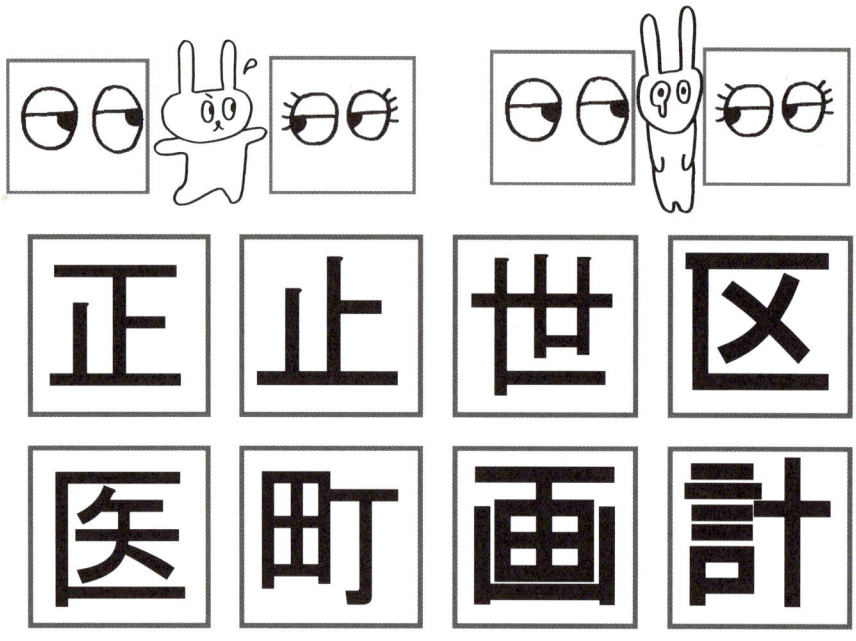

字	オン	くん	漢字のことば	
正	セイ ショウ	ただ-しい	正門（정문）	正月（정월/설）
止	シ	と-まります と-めます	中止（중지）	止まります（그칩니다）
世	セ	よ	世界（세계）	世の中（세상）
区	ク		地区（지구）	区別（구별）
医	イ		医者（의사）	医学（의학）
町	チョウ	まち	町長（촌장）	町（시내）
画	ガ/カク		画家（화가）	計画（계획）
計	ケイ	はか-ります	時計（시계）	合計（합계）

1 STEP UP!

正直（정직）*　　お世話（도움/신세）　　画面（화면）*　　画数（획수）*

1 つぎの ＿＿＿ のよみかたをこたえてください。
다음 ＿＿＿＿의 읽기를 답하시오(히라가나로).

① 正もん(正門) 　| もん
② 正じき(正直) 　| じき
③ 止まります 　| まります
④ 世かい(世界) 　| かい
⑤ お世話 　| お
⑥ 区べつ(区別) 　| べつ
⑦ 医しゃ(医者) 　| しゃ
⑧ 町 　|
⑨ 画すう(画数) 　| すう
⑩ 画めん(画面) 　| めん
⑪ 画か(画家) 　| か
⑫ ごう計(合計) 　| ごう

2 つぎのぶんしょうの、＿＿＿ のよみかたをこたえてください。
다음 문장의 ＿＿＿＿의 읽기(히라가나로)를 답하시오.

① 東きょうには、23の区があります。

② わたしのゆめは、しょうらい画かになることなんです。

③ 正もんの前のしょくどうは、ちかくてとてもべんりです。

④ パソコン(ＰＣ)の画めんがこわれちゃった…。

⑤ 駅前に、新世かいという大きな店ができました。

⑥ テグ(대구)という町は、プサンからバスで一時間かかります。

⑦ このかんじは、画すうが多くてむずかしいです。

⑧ ひこうきが5万円、ホテルが2万円で、ごう計 7万円かかりました。

⑨ かれは正じきな、いい人です。

⑩ あのお医しゃさんには、ほんとうにお世話になりました。

⑪ 「は」と「が」の区べつがむずかしいです。

⑫ きのうは一日中、電気が止まってこまりました。

3 つぎの ___ をかんじにしてください。
다음 _____ 을 한자로 바꾸시오.

① しょうがつ ☐☐　　② ちゅうし ☐☐

③ ち<u>く</u> [ち ☐]　　④ いがく ☐☐

⑤ ちょうちょう ☐☐　　⑥ とけい ☐☐

⑦ けいかく ☐☐　　⑧ まち ☐

⑨ せわ ☐☐

⑩ よのなか [☐ の ☐]

4 つぎのぶんしょうの ___ を、かんじにしてください。
다음 문장의 _____ 을 한자로 바꾸시오.

① <u>よのなか</u>には、いろいろな<u>ひと</u>がいます。

② <u>ことし</u>の<u>しょうがつ</u>は、いえにかえりませんでした。

③ かれのおねえさんは、<u>いがく</u>をべんきょうしています。

④ ソウル(서울)は、<u>おおきなまち</u>ですね。

⑤ <u>まいにち</u>、こどもの<u>せわ</u>をするのはたいへんです。

⑥ この<u>まち</u>の<u>ちょうちょう</u>は、わたしのしんせきです。

⑦ <u>きょう</u>はあめなので、<u>やま</u>のぼりは<u>ちゅうし</u>しましょう…。

⑧ たんじょう<u>び</u>に、<u>ちち</u>から<u>とけい</u>をもらいました。

⑨ わたしはまだ、しょうらいの<u>けいかく</u>がありません。

⑩ この<u>ち</u><u>く</u>には、<u>おかね</u>もちがたくさんすんでいます。

5 れいをみて、つぎのもんだいにこたえてください。

(보기)를 보고 다음 문제에 답하시오.

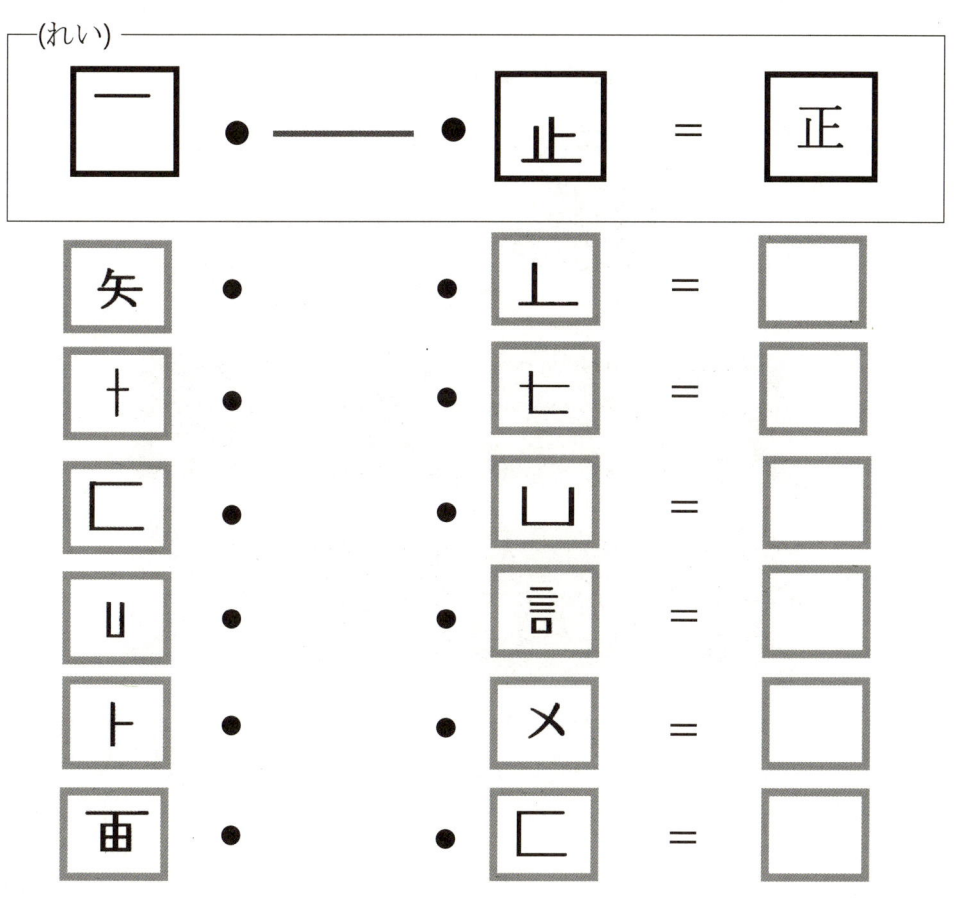

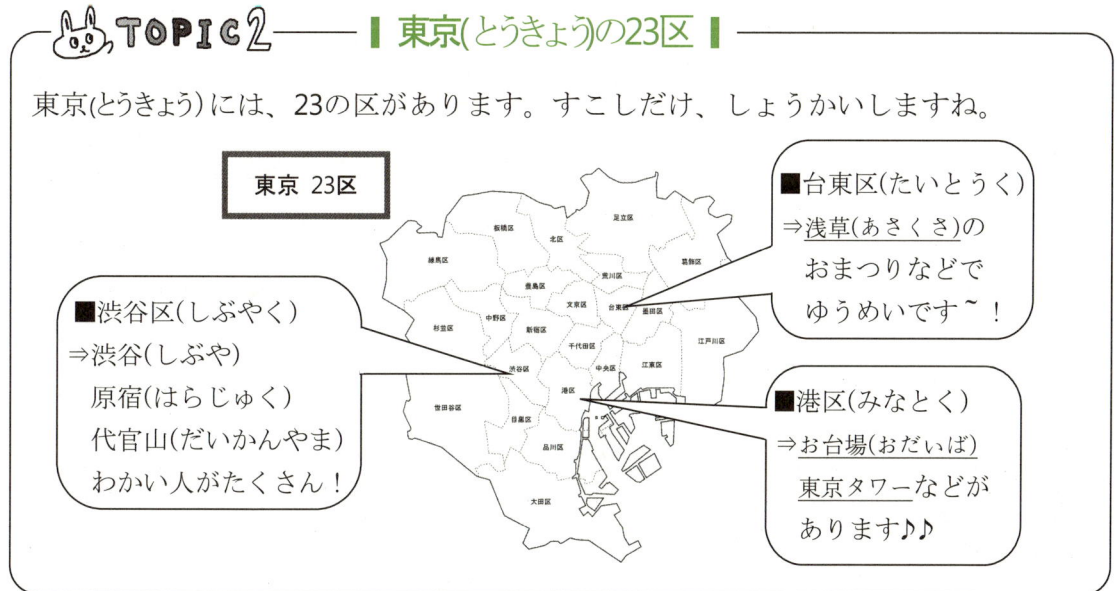

Lesson 3

にている・まちがいやすいかんじ①
모양이 닮아 틀리기 쉬운 한자①

字	オン	くん	漢字のことば	
兄	キョウ	あに	兄弟（형제） きょう-だい	お兄さん（형/오빠） にい
元	ゲン ガン	もと	元気（기운） げん-き	足元（발밑/발걸음） あし-もと
光	コウ	ひかり	日光（일광） にっ-こう	光（빛） ひかり
売	バイ	う-れます う-ります	売店（매점） ばい-てん	売り場（매장） う ば
発	ハツ/ハッー ーパツ		出発（출발） しゅっ-ぱつ	発売（발매） はっ-ばい
洗	セン	あら-います	洗顔（세안） せん-がん	
院	イン		病院（병원） びょう-いん	大学院（대학원） だい-がく-いん

1 STEP UP!

元日（설날）　観光（관광）*　発車（발차）　発表（발표）*　洗濯（세탁）*
がん-じつ　かん-こう　はっ-しゃ　はっ-ぴょう　せん-たく

洗剤（세제）*　洗面所（세면소/세면장）*　入院（입원）
せん-ざい　せん-めん-じょ　にゅう-いん

1 つぎの ＿＿＿ のよみかたをこたえてください。
다음 ＿＿＿의 읽기를 답하시오(히라가나로).

① 兄だい(兄弟)	だい	② お兄さん	お　　さん
③ 元日		④ かん光(観光)	かん
⑤ 売りば(売り場)	りば	⑥ 発ぴょう(発表)	ぴょう
⑦ 洗がん(洗顔)	がん	⑧ 洗たく(洗濯)	たく
⑨ びょう院(病院)	びょう	⑩ 売ります	ります
⑪ 洗います	います	⑫ 元気	

2 つぎのぶんしょうの、＿＿＿ のよみかたをこたえてください。
다음 문장의 ＿＿＿의 읽기를 답하시오(히라가나로).

① 東きょうの、あさくさ(아사쿠사)をかん光しました。

② 毎日 洗たくするのは、ちょっとめんどくさいなぁ～。

③ 来週、日本語の発ぴょうがあります。

④ 山田さんのお兄さんは、せが高くて、とてもかっこいいです！

⑤ ふゆのあさは、洗がんがつらいですね。

⑥ うちは兄だいが多くて、いつもけんかしています。

⑦ ねつがあるので、びょう院に行ってから、学校に行きます。

⑧ 元日は、ほとんどのお店が休みです。

⑨ ひさしぶり！元気だった？

⑩ あの店は、外国の食べものをたくさん売っています。

⑪ 天気もいいし、午後から、車を洗いに行こうと思います。

⑫ おかし売りばはこちらです。

3 つぎの ＿＿＿ をかんじにしてください。

다음 ＿＿＿＿ 을 한자로 바꾸시오.

① あしもと ☐☐   ② にっこう ☐☐

③ にゅういん ☐☐   ④ ばいてん ☐☐

⑤ しゅっぱつ ☐☐   ⑥ はつばい ☐☐

⑦ はっしゃ ☐☐   ⑧ せんざい ☐ ざい

⑨ ひかり ☐   ⑩ だいがくいん ☐☐☐

4 つぎのぶんしょうの ＿＿＿ を、かんじにしてください。

다음 문장의 ＿＿＿＿ 을 한자로 바꾸시오.

① この<u>せんざい</u>は、<u>やす</u>いし、いいにおいがします。

② <u>にっこう</u>がまぶしくて、<u>まえ</u>がよく<u>み</u>えません。

③ そつぎょうしたら、<u>だいがくいん</u>へ<u>い</u>くつもりです。

④ <u>はっしゃ</u> 5ふん<u>まえ</u>に、<u>えき</u>にとうちゃくしました。

⑤ <u>ばいてん</u>のおばさんは、いつも<u>あか</u>るくて、<u>げんき</u>です。

⑥ 「<u>たなか</u>さん、<u>にゅういん</u>したんだって！」「えっ！どこのびょう<u>いん</u>？」

⑦ <u>あめ</u>のひは、<u>あしもと</u>に<u>き</u>をつけてください。

⑧ <u>はつばい</u>したばかりのカメラを、<u>か</u>ってもらいました♪

⑨ まどからたいようの<u>ひかり</u>が<u>はい</u>ってきました。

⑩ あした、<u>ちゅうごく</u>へ<u>しゅっぱつ</u>します。

5 れいをみて、つぎのもんだいにこたえてください。

(보기)를 보고 다음 문제에 답하시오.

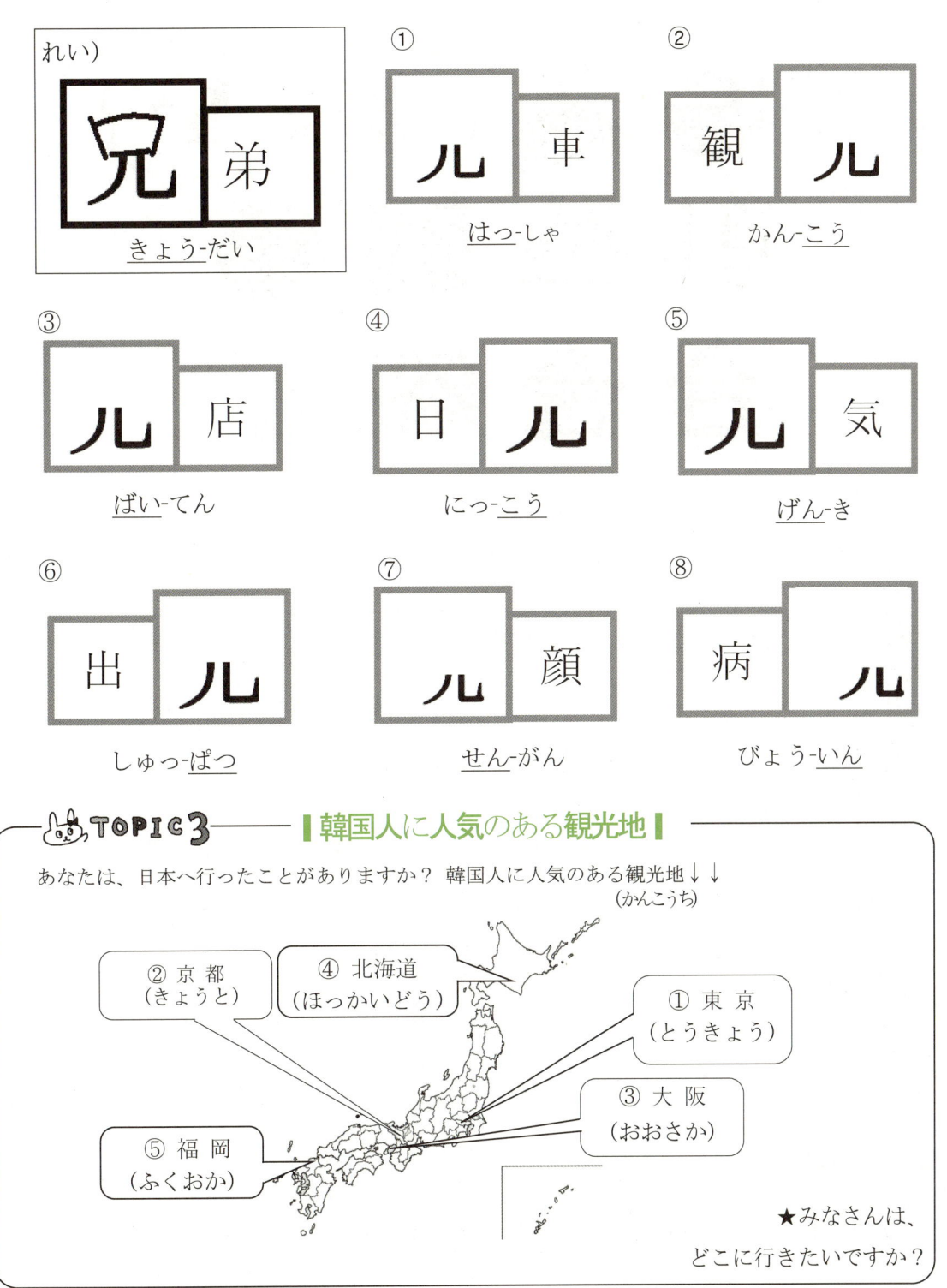

れい)

兄 弟
きょう-だい

① ル 車
はっ-しゃ

② 観 ル
かん-こう

③ ル 店
ばい-てん

④ 日 ル
にっ-こう

⑤ ル 気
げん-き

⑥ 出 ル
しゅっ-ぱつ

⑦ ル 顔
せん-がん

⑧ 病 ル
びょう-いん

🐰 TOPIC 3 ── ▌韓国人に人気のある観光地▌

あなたは、日本へ行ったことがありますか？ 韓国人に人気のある観光地↓↓
　　　　　　　　　　　　　　　　　　　　　　　　　　（かんこうち）

② 京都
（きょうと）

④ 北海道
（ほっかいどう）

① 東京
（とうきょう）

③ 大阪
（おおさか）

⑤ 福岡
（ふくおか）

★みなさんは、
どこに行きたいですか？

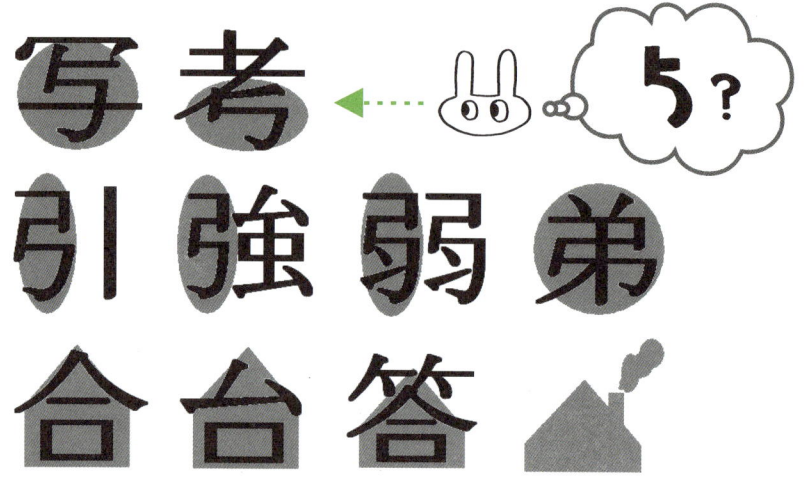

字	オン	くん	漢字のことば	
写	シャ	うつ-します うつ-ります	写真 (사진)	
考	コウ	かんが-えます	参考書* (참고서)	
引	イン	ひ-きます	引用 (인용)	引き出し (서랍)
強	キョウ	つよ-い	勉強 (공부)	強弱 (강약)
弱	ジャク	よわ-い よわ-ります	弱点* (약점)	
弟	－ダイ	おとうと	兄弟 (형제)	弟 (남동생)
台	ダイ タイ		台所 (부엌)	台風 (태풍)
合	ゴウ ガッ－	あ-います	合同 (합동)	合格* (합격)
答	トウ	こた-えます	回答 (회답)	答 (대답)

1 STEP UP!

引力 (인력) 　　割引* (할인) 　　合宿* (합숙) 　　解答* (해답)

1 つぎの ＿＿＿ のよみかたをこたえてください。
다음 ＿＿＿ 의 읽기를 답하시오(히라가나로).

① 写しん(写真)　[　　　　しん]
② 引よう(引用)　[　　　　よう]
③ べん強(勉強)　[べん　　　]
④ 弱てん(弱点)　[　　　　てん]
⑤ 回答　[　　　　　　　]
⑥ 台どころ(台所)　[　　　どころ]
⑦ 合どう(合同)　[　　　　どう]
⑧ 合かく(合格)　[　　　　かく]
⑨ 答えます　[　　　えます]
⑩ わり引(割引)　[わり　　　]
⑪ 弟　[　　　　　　　]
⑫ さん考書(参考書)　[さん　　　]

2 ぶんしょうの、＿＿＿ のよみかたをこたえてください。
다음 문장의 ＿＿＿＿ 의 읽기를 답하시오(히라가나로).

① JLPT N2に合かくするために、がんばります。

② 山川さんは、高校生の弟が二人いるそうです。

③ あなたの弱てんはなんですか?

④ 休みの間、日本語をぜんぜんべん強しませんでした。

⑤ 台どころから、夕食のいいにおいがするなぁ～

⑥ 本のぶんしょうを引ようする時、どうしたらいいですか?

⑦ 新しいカメラを買ったので、たくさん写しんをとるつもりです。

⑧ 先ぱいから、さん考書をもらいました♪

⑨ 一年生の回答はとてもおもしろいですね。

⑩ えい画のわり引けんは、どこで買えますか?

⑪ 毎週、日本人と韓国人の合どうチームでやきゅうをします。

⑫ きんちょうして、上手に答えられませんでした。

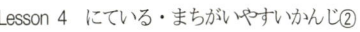

3 つぎの ＿＿＿ をかんじにしてください。
다음 ＿＿＿＿＿을 한자로 바꾸시오.

① うつします [　　　] します　　② かんがえます [　　　] えます

③ ひきます [　　　] きます　　④ あいます [　　　] います

⑤ いんりょく [　　　　]　　⑥ つよい [　　　] い

⑦ きょうじゃく [　　　　]　　⑧ よわい [　　　] い

⑨ きょうだい [　　　　]　　⑩ たいふう [　　　　]

⑪ こたえ [　　　]　　⑫ ひきだし [　　] き [　] し

4 つぎのぶんしょうの ＿＿＿ を、かんじにしてください。
다음 문장의 ＿＿＿＿＿을 한자로 바꾸시오.

① エアコンのきょうじゃくは、ここでちょうせつしてください。

② わたしのだいがくのやきゅうチームは、とてもよわいそうですよ。

③ ワインとチーズはよくあいます。

④ らいねんからきゅうがくするかどうか、よくかんがえてみます。

⑤ このもんだいのこたえが、どうしてもわかりません。

⑥ きれいにしゃしんにうつるように、しっかりおけしょうをしました。

⑦ したからみっつめのひきだしには、おかねがはいっています。

⑧ やまださんには3にん、たなかさんには4にん、きょうだいがいます。

⑨ あしたはたいふうがくるので、がっこうがやすみです。

⑩ いりぐちのドアは、てまえにひいてください。

⑪ つよくて、やさしいにんげんになりたいです。

⑫ ちきゅうのいんりょくについて、べんきょうしたことがあります。

5 れいをみて、つぎのもんだいにこたえてください。

(보기)를 보고 다음 문제에 답하시오.

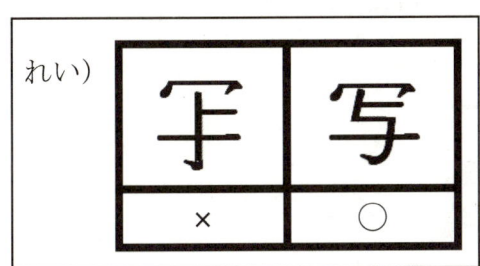

れい)

午	写
×	○

①

强	強

②

引	引

③

考	考

④

弱	弱

⑤

弟	弟

⑥

台	台

⑦

答	答

⑧

合	合

🐰**TOPIC4** ▎ **台所(だいどころ)のことば** ▎

台所(だいどころ)にあるものは、日本語で何と言うのでしょうか…？？

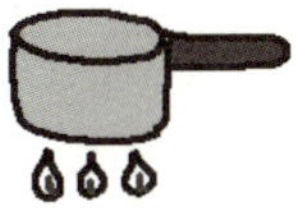

■냄비
鍋(なべ)

■식칼
包丁(ほうちょう)

■도마
まな板(いた)

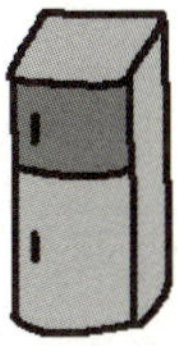

■냉장고
冷蔵庫(れいぞうこ)

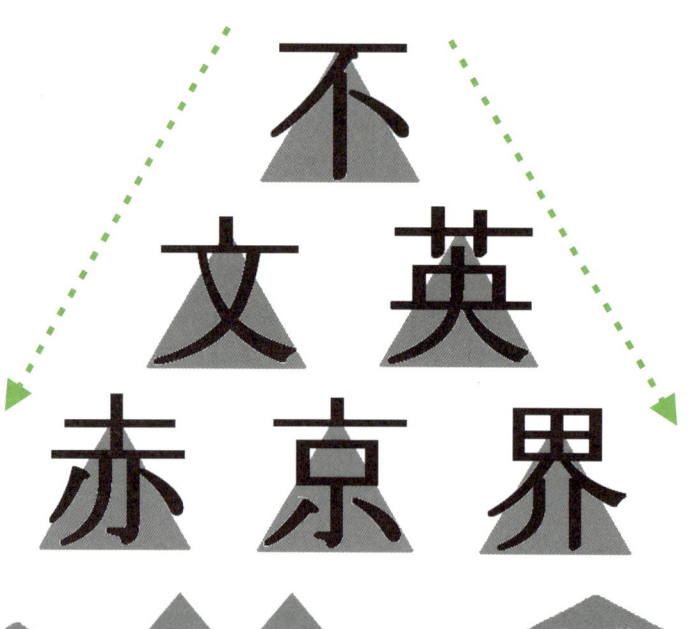

字	オン	くん	漢字のことば	
不	フ/ブ		不便（불편）	不安（불안）
文	ブン モン		文学（문학）	注文（주문）
英	エイ		英語（영어）	英国（영국）
赤	セキ	あか-い あか	赤道（적도）	赤ちゃん（아기）
京	キョウ		東京（도쿄）	京都（교토）
界	カイ		世界（세계）	業界（업계）

1 STEP UP!

水不足（물부족）　　文明（문명）　　文化（문화）　　本文（본문）

1 ぎの ____ のよみかたをこたえてください。

다음 _____의 읽기를 답하시오(히라가나로).

① <u>不</u>べん(<u>不</u>便) 　 べん

② <u>文</u>めい(<u>文</u>明) 　 めい

③ ちゅう<u>文</u>(注<u>文</u>) 　 ちゅう

④ <u>英語</u>

⑤ <u>赤道</u>

⑥ <u>京</u>と(<u>京</u>都) 　 と

⑦ ぎょう<u>界</u>(業<u>界</u>) 　 ぎょう

⑧ <u>赤</u>い 　 い

⑨ <u>東京</u>

⑩ <u>不安</u>

2 つぎのぶんしょうの、____ のよみかたをこたえてください。

다음 문장의 _____의 읽기를 답하시오(히라가나로).

① <u>今年</u>は、<u>赤</u>いふくが<u>人気</u>だそうです。

② <u>英語</u>の<u>発</u>おんは、<u>日本語</u>の<u>発</u>おんよりむずかしいですね。

③ <u>来年</u>は<u>大学</u>を<u>休学</u>して、<u>東京</u>に<u>行</u>くつもりです。

④ これ、<u>ちゅう文</u>したりょうりとちがいます。

⑤ <u>大学生</u>には、テレビ<u>ぎょう界</u>などが<u>人気</u>です。

⑥ <u>明日</u>のテスト、うまくできるか<u>不安</u>だなぁ…。

⑦ <u>中国</u>には、「<u>世界四大文</u>めい」の<u>一つ</u>があったそうです。

⑧ <u>赤道</u>にちかい<u>国</u>は、<u>一年中</u>あつくてたいへんそうだ。

⑨ きのう、パソコンがこわれてしまって、とても<u>不</u>べんです。

⑩ <u>京</u>と行きのきっぷは、どこで<u>買</u>えますか？

3 つぎの＿＿＿をかんじにしてください。

다음 ＿＿＿＿을 한자로 바꾸시오.

① ぶんがく | | | ② ほんぶん | | |

③ えいこく | | | ④ あかちゃん | | ちゃん |

⑤ せかい | | | ⑥ ふあん | | |

⑦ えいご | | | ⑧ とうきょう | | |

⑨ せきどう | | | ⑩ みずぶそく | | |

4 つぎのぶんしょうの＿＿＿を、かんじにしてください。

다음 문장의 ＿＿＿＿을 한자로 바꾸시오.

① アフリカには、みずぶそくのくにがたくさんあるそうです。

② かわいいあかちゃんをみると、げんきがでます。

③ ほんぶんをよんで、つぎのもんだいにこたえなさい。

④ えいごのべんきょうのために、いっかげつじゅくにかよいました。

⑤ せきどうは、めにみえないせんです。

⑥ よしもとばなな(요시모토 바나나)など、にほんぶんがくにきょうみがあります。

⑦ ソウルととうきょう、どちらのじんこうがおおいですか？

⑧ にほんごでは、イギリスのことを、えいこくともいいます。

⑨ JLPTにごうかくできるかどうか、ふあんです。

⑩ いつか、せかいじゅうをりょこうするのがゆめです。

5 れいをみて、つぎのもんだいにこたえてください。
(보기)를 보고 다음 문제에 답하시오.

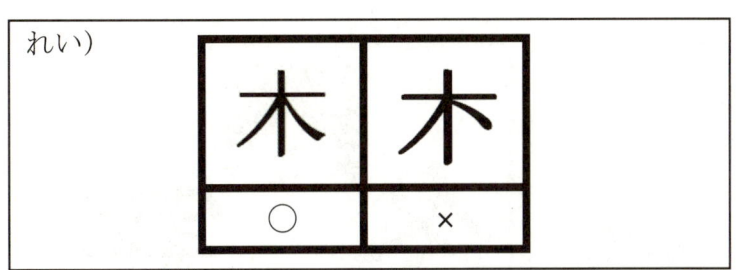

れい)

木	木
○	×

① 赤 赤

② 英 英

③ 不 不

④ 界 界

⑤ 京 京

⑥ 文 文

 TOPIC 5 ━━━ ▌大学生に人気のある業界▌

日本の大学生には、どんな会社・業界(ぎょうかい)が人気でしょう?(2009年)

文系(문과)
(ぶんけい)

理系(이과)
(りけい)

① 「JTBグループ」　　りょこう業界
　(じぇいてぃーびー)　　(여행)

② 「資生堂」　　　　　けしょうひん業界
　(しせいどう)　　　　(화장품)

③ 「ANA (全日空)」　こうくう業界
　(あな/ぜんにっくう)　(항공)

① 「ソニー」　　　　　でんき業界
　　　　　　　　　　　(전기)

② 「パナソニック」　　でんき業界
　　　　　　　　　　　(전기)

③ 「資生堂」　　　　　けしょうひん業界
　(しせいどう)　　　　(화장품)

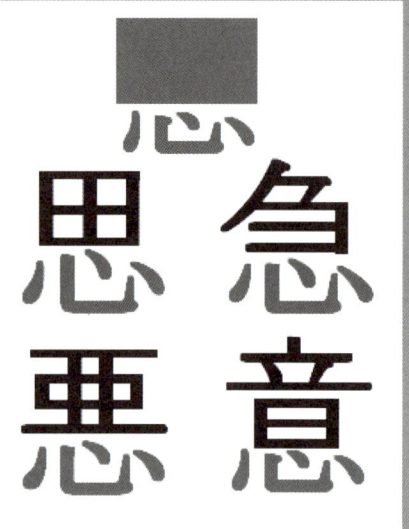

字	オン	くん	漢字のことば	
思	シ	おも-います	意思 (의사)	思い出 (추억)
急	キュウ	いそ-ぎます	急用 (급한 볼일)	特急 (특급)
悪	アク	わる-い	悪人 (악인)	悪口 (욕)
意	イ		意見 (의견)	用意 (준비)
冬	トウ	ふゆ	冬期* (동기/동계)	冬休み (겨울 방학)
寒	カン	さむ-い	寒気 (한기)	
黒	コク	くろ-い/くろ	黒人 (흑인)	白黒 (흑백)
鳥	チョウ	とり	野鳥 (들새)	小鳥 (작은 새)

1 STEP UP!

急に (갑자기) 　意味 (의미) 　意外 (의외) 　黒板* (칠판/흑판)

1 つぎの ＿＿＿ のよみかたをこたえてください。

다음 ＿＿＿의 읽기를 답하시오(히라가나로).

① 思い出 | い
② 急よう(急用) | よう
③ とっ急(特急) | とっ
④ 意見 |
⑤ 意み(意味) | み
⑥ よう意(用意) | よう
⑦ 冬 |
⑧ 寒気 |
⑨ 黒い | い
⑩ 黒ばん(黒板) | ばん
⑪ や鳥(野鳥) | や
⑫ 小鳥 |

2 つぎのぶんしょうの、＿＿＿ のよみかたをこたえてください。

다음 문장의 ＿＿＿의 읽기를 답하시오(히라가나로).

① とっ急電車は高いので、バスで行きましょう。

② めがねをかけないと、黒ばんのじが見えません。

③ かの女のたんじょう日に、バラの花をよう意しました。

④ このこうえんは、や鳥でゆう名だそうです。

⑤ 今週から寒気のせいで、とても寒いです。

⑥ 韓国でいい思い出をたくさんつくって下さい。

⑦ みんなの意見をまとめるのは、たいへんですね。

⑧ おじいさんの家にはかわいい小鳥がたくさんいます。

⑨ 今年の冬は、いつもよりあたたかいね。

⑩ きのう、お店で黒いスカートを買いました。

⑪ このことばの意みがわかりません。

⑫ 急ようができたので、お先にしつれいします。

3 つぎの ＿＿＿ をかんじにしてください。

다음 ＿＿＿＿＿을 한자로 바꾸시오.

① おもいで 　|　い　|　　　② いし

③ いそぎます 　| ぎます |　　④ きゅうに 　|　に

⑤ あくにん 　　　　　　　　⑥ わるぐち

⑦ いけん 　　　　　　　　　⑧ いがい

⑨ ふゆやすみ 　|　み |　　⑩ さむい 　|　い

⑪ こくじん 　　　　　　　　⑫ ことり

4 つぎのぶんしょうの ＿＿＿ を、かんじにしてください。

다음 문장의 ＿＿＿＿＿을 한자로 바꾸시오.

① いえのなかで、しろいことりをかっています。

② ふゆやすみは、ウルサン(울산)にかえるつもりです。

③ そのひはごごからきゅうにあめがふってきました。

④ かれがおさけをのめないなんて、ちょっといがいだね。

⑤ アメリカのこくじんおんがくがだいすきです。

⑥ だいがくでは、いいおもいでをたくさんつくりたいです。

⑦ ふゆのソウルはさむいので、いきたくありません。

⑧ なかなか、いしがつたわりませんでした。

⑨ あくにんにだまされて、おかねをとられました。

⑩ しけんにおくれるよ！いそいで！

⑪ いけんのあるひとは、てをあげてください。

⑫ ひとのわるぐちをいうと、あなたもいわれますよ。

5 れいをみて、つぎのもんだいにこたえてください。

(보기) 를 보고 다음 문제에 답하시오.

れい) | 眉 | 男 | 畜 | ⇒ | 男 |

正しいものをえらんで下さい。
옳은 것을 고르시오.

黒	意	忌	焦	黒	意
冬	鳥	崽	寒	黒	悪
鳥	寒	患	急	鳥	思
黒	煮	意	冬	黒	鳥

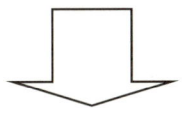

「日」をつかって書くかんじ①
「日」을 사용해 쓰는 한자 ①

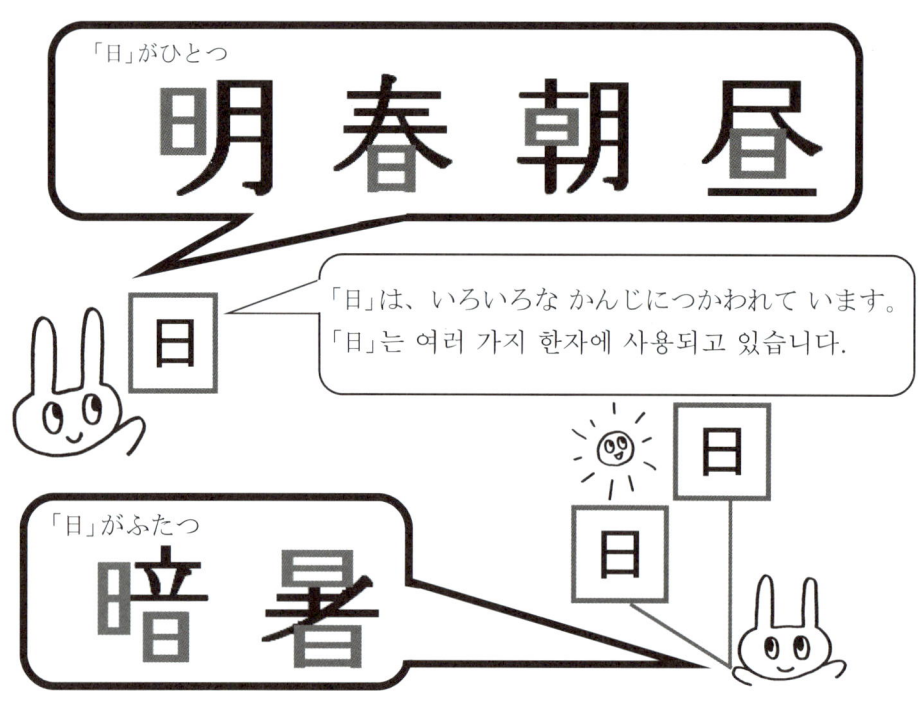

「日」がひとつ

明 春 朝 昼

日

「日」は、いろいろな かんじに つかわれて います。
「日」는 여러 가지 한자에 사용되고 있습니다.

「日」がふたつ

暗 暑

日

日

字	オン	くん	漢字のことば	
明	メイ	あか-るい	説明 (설명)	明暗 (명암)
春	シュン	はる	青春 (청춘)	春休み (봄방학)
朝	チョウ	あさ	朝食 (조식/아침밥)	朝日 (아침 해)
昼	チュウ	ひる	昼食 (중식)	昼休み (점심시간)
暗	アン	くら-い	暗記 (암기)*	
暑	ショ	あつ-い	残暑 (늦더위)*	

1 STEP UP!

明日 (내일)*   明日 (내일)*   春分 (춘분)   春夏秋冬 (춘하추동)

1 つぎの ＿＿＿ のよみかたをこたえてください。
다음 ＿＿＿의 읽기를 답하시오(히라가나로).

① せつ明（説明） | せつ　　　　　　　　②明日 | 　　　　　　　　　　

③ 暗き（暗記） | 　　　　　　　　き　④せい春（青春） | せい

⑤ 春 | 　　　　　　　　　　　　　⑥朝日 | 　　　　　　　　　　

⑦ 昼食 | 　　　　　　　　　　　　⑧暑い | 　　　　　　　い

⑨ 暗い | 　　　　　　　い　　　　⑩昼 | 　　　　　　　　　　

2 つぎのぶんしょうの、 ＿＿＿ のよみかたをこたえてください。
다음 문장의 ＿＿＿의 읽기를 답하시오(히라가나로).

① 明日、いっしょにごはんを食べませんか？

② きれいな朝日を見ると、一日いい気分です。

③ 日本のせい春えい画を見て、とてもかんどうしました。

④ 先生！もっとわかりやすくせつ明して下さい！

⑤ 昼ごはんはいつもの店にしようかな？それとも新しい店にしようかな？

⑥ よるの学校は、暗くてこわいです。

⑦ 暑い時は、つめたい水がおいしいですね。

⑧ たん語の暗きはきらいですが、会話はすきですよ。

⑨ 昼食の時間は、一時間しかありません。

⑩ 春は、さくらを見ながらおさけを飲むのがいいですね。

3 つぎの ＿＿＿ をかんじにしてください。

다음 ＿＿＿＿＿을 한자로 바꾸시오.

① あかるい 　[　|るい] 　② めいあん 　[　|　]

③ はるやすみ 　[　|　|み] 　④ しゅんぶん 　[　|　]

⑤ ちょうしょく 　[　|　] 　⑥ あさ 　[　]

⑦ ひるやすみ 　[　|　|み] 　⑧ くらい 　[　|い]

⑨ あつい 　[　|い] 　⑩ あす 　[　|　]

4 つぎのぶんしょうの ＿＿＿ を、かんじにしてください。

다음 문장의 ＿＿＿＿＿을 한자로 바꾸시오.

① ホテルのちょうしょくは、たかいけどおいしいそうですね。

② あついひにたべるアイスクリームは、さいこうです。

③ あすは、ごご3じにあつまってください。

④ 「はるやすみ、なにするの？」「ソウルにいきたいな。」

⑤ 2010ねんは、さんがつはつかがしゅんぶんのひです。

⑥ かのじょはあかるくて、とてもいいこです。

⑦ あの1てんが、しょうぶのめいあんをわけました。

⑧ まいあさ、7じにがっこうへいきます。

⑨ きょうはもうおそいので、あす、もういちどかんがえましょう。

⑩ テストのまえは、みんなくらいかおをしています。

5 れいをみて、つぎのもんだいにこたえてください。

(보기)를 보고 다음 문제에 답하시오.

れい) | 彳 | + | 亍 | = | **行** |

① 日 + 月 = ☐

② 人 + 三 + 日 = ☐

③ 日 + 日 + ノ = ☐

④ ＿ + 尺 + 日 = ☐

⑤ 立 + 日 + 日 = ☐

⑥ 日 + 十 + 月 + 十 = ☐

🐰 **TOPIC6** ─── ▌**日本の朝食はなにを食べる？**▌

日本では、朝食にどんなものを食べているのでしょうか～ 　　　たとえば・・・

「ご飯（ごはん）」「みそ汁（みそしる）」　「焼き魚（やきざかな）」「玉子焼き（たまごやき）」
　　　〔밥〕　　　　　　　〔된장국〕　　　　　　〔생선구이〕　　　　　　　〔계란부침〕

★さいきんは、パン  もよく食べます。あなたは何を食べましたか？

たくさん
書けま~す

字	オン	くん	漢字のことば	
早	ソウ	はや-い	早朝（そう-ちょう）（조조）	早起き（はや-お）（조기/일찍일어남）
映	エイ	うつ-ります うつ-します	映画（えい-が）（영화）	上映（じょう-えい）（상영）
曜	ヨウ		曜日（よう-び）（요일）	水曜日（すい-よう-び）（수요일）
音	オン	おと	音楽（おん-がく）（음악）	発音（はつ-おん）（발음）
者	シャ	もの	医者（い-しゃ）（의사）	若者（わか-もの）*（젊은이/청년）
都	ト/ツ	みやこ	都会（と-かい）（도회/도시）	都合（つ-ごう）（형편/사정）
借	シャク シャッー	か-ります	借金（しゃっ-きん）（차금/빚）	借用（しゃく-よう）（착용）

1 STEP UP!

早急（そう-きゅう）（시급）　音読（おん-どく）（음독）　足音（あし-おと）（발소리）　学者（がく-しゃ）（학자）

記者（き-しゃ）（기자）　都（みやこ）（수도）　東京都（とう-きょう-と）（도쿄도）

1 つぎの ____ のよみかたをこたえてください。

다음 _____의 읽기를 답하시오(히라가나로).

① 早起き 　[　　　　　　　き　]　　② 音がく(音楽) 　[　　がく　]

③ 音 　[　　　　　　　]　　　　　　④ わか者(若者) 　[　わか　]

⑤ 上映 　[　　　　　　　]　　　　⑥ 曜日 　[　　　　　　　]

⑦ 借金 　[　　　　　　　]　　　　⑧ 借ります 　[　　りります　]

⑨ 都合 　[　　　　　　　]　　　　⑩ 東京都 　[　　　　　　　]

2 つぎのぶんしょうの、 ____ のよみかたをこたえてください。

다음 문장의 _____의 읽기를 답하시오(히라가나로).

① ちょっと、ボールペン借ります！

② きのうは、日本の新しい 映画が上映されました。

③ わたしの友だちは、東京都品川区にすんでいます。

④ となりのへやから、うるさい音がするなぁ。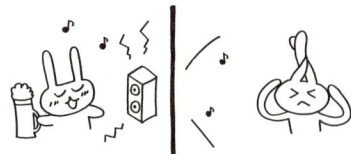

⑤ 来週、飲み会をしたいんですが、都合はどうですか？

⑥ 高いものを買いすぎて、借金が100万円あります。

⑦ けんこうのために、早起きしてうんどうをすることにしました。

⑧ 今日ってなん曜日だっけ？

⑨ 車の中では、大きな 音で音がくを聞いています。

⑩ さいきんのわか者は、朝ごはんを食べない 人が多いそうです。

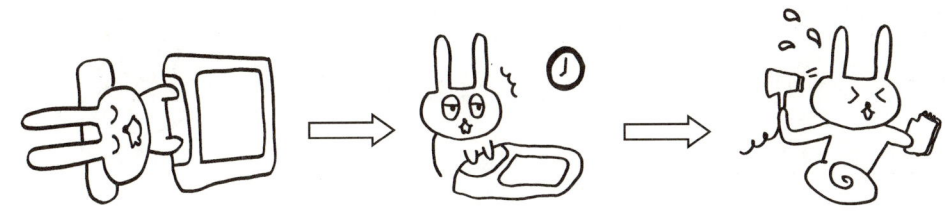

3 つぎの ＿＿＿ をかんじにしてください。
다음 ＿＿＿＿＿을 한자로 바꾸시오.

① はやい 　|　　　|　い　| 　②　はつおん 　|　　|　　|

③ あしおと 　|　　|　　| 　④　いしゃ 　|　　|　　|

⑤ がくしゃ 　|　　|　　| 　⑥　えいが 　|　　|　　|

⑦ うつします 　|　　|　します | 　⑧　とかい 　|　　|　　|

⑨ そうちょう 　|　　|　　| 　⑩　かります 　|　　|　ります |

⑪ みやこ 　|　　|　　| 　⑫　すいようび 　|　　|　　|

4 つぎのぶんしょうの ＿＿＿ を、かんじにしてください。
다음 문장의 ＿＿＿＿＿을 한자로 바꾸시오.

① にほんごのはつおん、じょうずですね！

② しろいかべには、えいぞうをうつすことができます。

③ かれのおとうさんは、ゆうめいながくしゃです。

④ ごがくをべんきょうするなら、はやいほうがいいとおもいますよ。

⑤ あしたは、そうちょうからとうきょう いきのでんしゃにのります。

⑥ しょうらい、いしゃとけっこんしたいです。

⑦ すいようびはじゅぎょうがありません。

⑧ ははのあしおとで、めがさめてしまいました。

⑨ つぎのデートは、えいがをみたいな。

⑩ きょうとには、むかしみやこがあったそうです。

⑪ あにからおかねをかりて、ゲームをかいました。

⑫ とかいは、ひとがおおすぎてつかれます。

5 れいをみて、つぎのもんだいにこたえてください。

(보기) 를 보고 다음 문제에 답하시오.

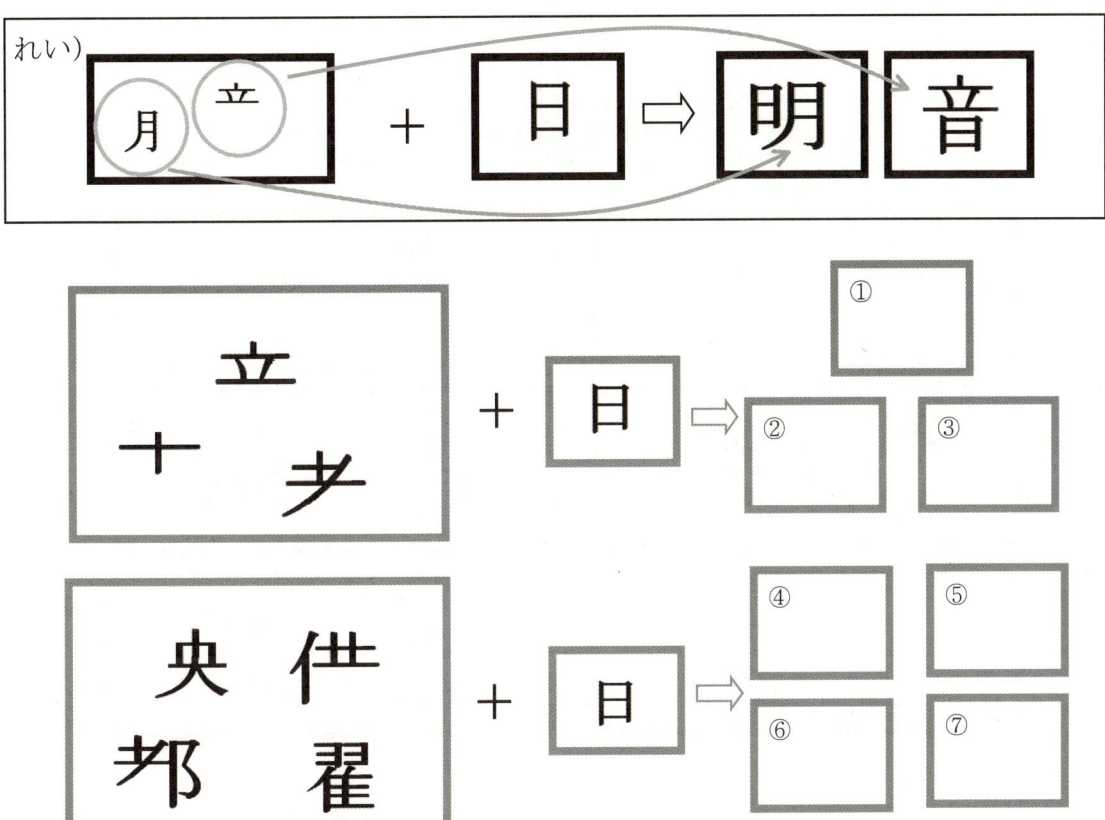

ゆうめいな韓国映画、日本では何というタイトル(타이틀)?

年	韓国のタイトル	日本のタイトル
1997	『편지(the letter)』	『手紙(てがみ)』
1999	『쉬리(swiri)』	『シュリ』
2000	『공동경비구역JSA』	『JSA(じぇーえすえー)』
2001	『친구』	『友へ / チング』
2001	『엽기적인 그녀』	『猟奇的な彼女』 (りょうきてきなかのじょ)
2004	『태극기 휘날리며』	『ブラザーフッド』

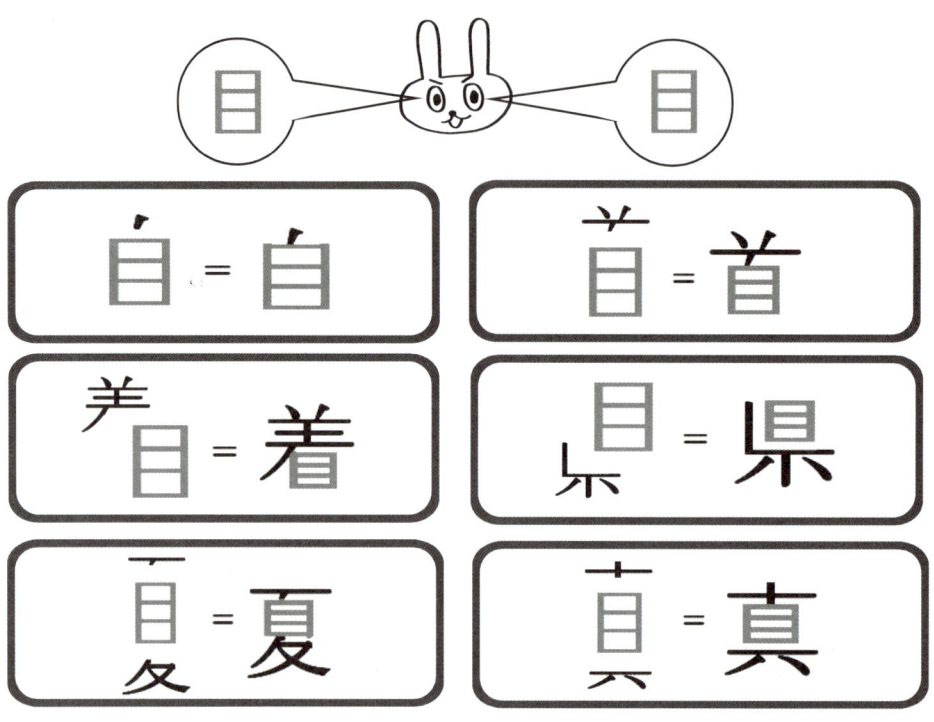

字	オン	くん	漢字のことば	
自	ジ/シ		自分 (자기)	自信* (자신)
首	シュ	くび	首都 (수도)	
着	チャク	つ-きます / き-ます /ーぎ	到着* (도착)	着物 (옷/기모노)
県	ケン		県立 (현립)	青林県 (아오모리현)
夏	カ	なつ	初夏* (초하/초여름)	夏休み (여름방학)
真	シン	ま	真実* (진실)	真夜中 (한밤중/심야)

1 STEP UP!

自由* (자유)   自然* (자연)   着信 (착신)   真剣* (진지)

1 つぎの ＿＿＿ のよみかたをこたえてください。

다음 ＿＿＿＿의 읽기를 답하시오(히라가나로).

① 自ゆう(自由) 　　　　　　　　ゆう ② 自しん(自信) 　　　　　　　　しん

③ 首都 　　　　　　　　 ④ 夏 　　　　　　　　

⑤ 真けん(真剣) 　　　　　　　　けん ⑥ 真よ中(真夜中) 　よ　　　　　

⑦ 着もの(着物) 　　　　　　　　もの ⑧ 着しん(着信) 　　　　　　　　しん

⑨ 首 　　　　　　　　 ⑩ あお森県(青森県) 　あお　　　　

2 つぎのぶんしょうの、＿＿＿のよみかたをこたえてください。

다음 문장의 ＿＿＿＿의 읽기를 답하시오(히라가나로).

① 夏は、毎日シャワーをあびます。

② ここにあるおかしは、自ゆうに食べて下さい。

③ 朝から着しんが10けんもあって、びっくりしました。

④ ダンスをするときは、いつも真けんです。

⑤ 首がいたいので、授業を休ませていただけませんか？

⑥ 来年、あお森県の大学にりゅう学するよていです。

⑦ お正月に、赤い 着ものを着せてもらいました。

⑧ 中国の首都はペキン、韓国の首都はソウルです。

⑨ 真よ中にトイレに行くのは、ちょっとこわいんです。

⑩ JLPT1きゅうに合かくする自しんがあります。

3 つぎの ＿＿＿ をかんじにしてください。

다음 ＿＿＿＿＿을 한자로 바꾸시오.

① じぶん ⬚ ⬚　② なつ ⬚

③ けんりつ ⬚ ⬚　④ しんじつ ⬚ じつ

⑤ つきます ⬚ きます　⑥ きます ⬚ ます

⑦ くび ⬚　⑧ なつやすみ ⬚ ⬚ み

4 つぎのぶんしょうの ＿＿＿ を、かんじにしてください。

다음 문장의 ＿＿＿＿＿을 한자로 바꾸시오.

① しんじつは、だれにもわかりません。

② にほんでは、なんでもじぶんでしなければならないので、たいへんでした。

③ ともだちは、なつやすみにちゅうごくへりょこうをするそうです。

④ このあいだ、わたしのともだちが、かいしゃをくびになりました。

⑤ おしょうがつのときには、きものをきます。

⑥ わたしはこくりつ、あにはけんりつのこうこうにかよっています。

⑦ あと10ぷんで、テジョン(대전)えきにつきます。

⑧ いつもなつになると、かぜをひいてしまいます。

5 れいをみて、つぎのもんだいにこたえてください。
(보기)를 보고 다음 문제에 답하시오.

れい）
医者
音 ⇒ 医 | 者

① 分
自 真 ⇒ ☐☐

② 着 都
首 ⇒ ☐☐

③ 県 物
着 ⇒ ☐☐

④ 県
立 夏 ⇒ ☐☐

⑤ 休み
県 夏 ⇒ ☐☐☐

⑥ 首 真
夜 中 ⇒ ☐☐☐

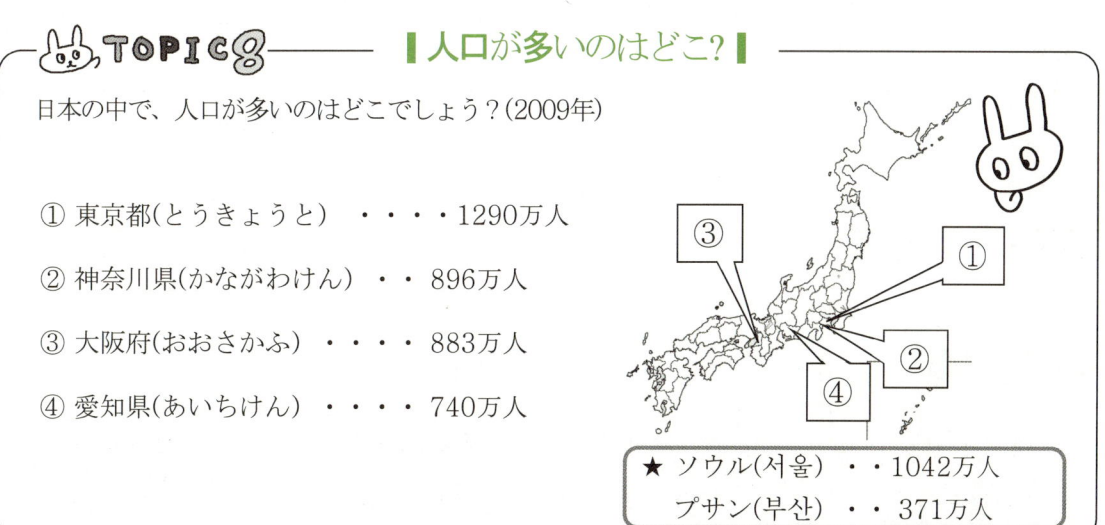

TOPIC 8 ── ┃人口が多いのはどこ?┃

日本の中で、人口が多いのはどこでしょう？(2009年)

① 東京都（とうきょうと）・・・1290万人

② 神奈川県（かながわけん）・・ 896万人

③ 大阪府（おおさかふ）・・・・883万人

④ 愛知県（あいちけん）・・・・740万人

★ ソウル（서울）・・1042万人
　プサン（부산）・・ 371万人

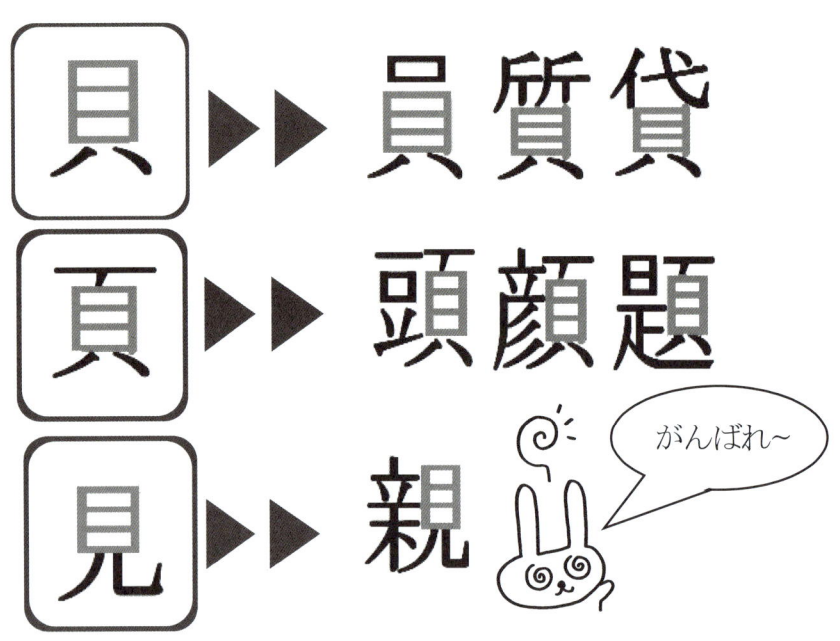

がんばれ～

字	オン	くん	漢字のことば	
員	イン		かい-いん 会 員 （회원）	てい-いん 店 員 （점원）
質	シツ		しつ-もん 質 問 （질문）	ひん-しつ 品 質 （품질）
貸	タイ	かします	ちん-たい* 賃 貸 （임대）	か だ 貸し出し （대출）
頭	トウ ズ	あたま	しゅっ-とう 出 頭 （출두）	ず-つう* 頭 痛 （두통）
顔	ガン	かお ―がお	せん-がん 洗 顔 （세안）	かお-いろ 顔 色 （안색）
題	ダイ		もん-だい 問 題 （문제）	わ-だい 話 題 （화제）
親	シン	おや した-しい	しん-せつ 親 切 （친절）	ちち-おや 父 親 （부친/아버지）

ぜん-いん* 全 員 （전원）	てい-いん* 定 員 （정원）	こう-む-いん 公 務 員 （공무원）	たい-しつ 体 質 （체질）
え-がお* 笑 顔 （웃는 얼굴）	しゅく-だい 宿 題 （숙제）	りょう-しん 両 親 （양친）	しん-せき* 親 戚 （친척）

1 つぎの ＿＿＿ のよみかたをこたえてください。

다음 ＿＿＿의 읽기를 답하시오(히라가나로).

① ぜん員(全員) 　ぜん

② てい員(定員) 　てい

③ 質もん(質問) 　　　　もん

④ たい質(体質) 　たい

⑤ ちん貸(賃貸) 　ちん

⑥ 頭つう(頭痛) 　　　　つう

⑦ え顔(笑顔) 　え

⑧ もん題(問題) 　もん

⑨ 親せつ(親切) 　　　　せつ

⑩ りょう親(両親) 　りょう

⑪ 親

⑫ 頭

2 つぎのぶんしょうの、 ＿＿＿ のよみかたをこたえてください。

다음 문장의 ＿＿＿의 읽기를 답하시오(히라가나로).

① 今日は朝から頭つうがひどくて、つらいんです。

② 何か 質もんはありますか?

③ りょう親が60さいになるので、みんなで食じをするつもりです。

④ 日本のちん貸アパートは、冬 寒くてこまりました。

⑤ このテストは、ぜん員 合かくですよ。

⑥ わたしは、中国の水がたい質に合わないみたいです。

⑦ 駅でこまっていたら、親せつなおじさんがたすけてくれました。

⑧ かの女は、え顔がかわいいので人気があります。

⑨ 頭がわるくて、0てんをとってしまいました…。

⑩ 明日のイベントは、てい員 100名です。

⑪ 子どもには、親の気もちがわからないものです。

⑫ いろいろなもん題があって、あの計画は中止になりました。

3 つぎの ＿＿＿ をかんじにしてください。

다음 ＿＿＿＿＿을 한자로 바꾸시오.

① かいいん ⬚⬚　　　　② てんいん ⬚⬚

③ ひんしつ ⬚⬚　　　　④ かします ⬚ します

⑤ あたま ⬚　　　　　　⑥ せんがん ⬚⬚

⑦ かおいろ ⬚ いろ　　　⑧ わだい ⬚⬚

⑨ したしい ⬚ しい　　　⑩ ちちおや ⬚⬚

⑪ かしだし ⬚ し ⬚ し

4 つぎのぶんしょうの ＿＿＿ を、かんじにしてください。

다음 문장의 ＿＿＿＿＿을 한자로 바꾸시오.

① このみせには、やすくて、ひんしつのいいしょうひんがたくさんあります。

② あめがふってますよ、かさをかしましょうか？

③ わたしのクラスは、みんなしたしいともだちばかりです。

④ としょかんで、えいごのほんのかしだしをしています。

⑤ インターネットは、いろいろなわだいがあって、おもしろいですね。

⑥ はやくちちおやになって、こどもとあそびたいです。

⑦ なんか、かおいろがわるいけどだいじょうぶ？

⑧ ころんであたまにけがをしてしまいました。

⑨ このみせは、てんいんのたいどがいいからすきです。

⑩ おふろのなかで、まいにちていねいにせんがんをしています。

⑪ きょうだけ、かいいんは50％わりびきになります！

5 れいをみて、つぎのもんだいにこたえてください。
　(보기)를 보고 다음 문제에 답하시오.

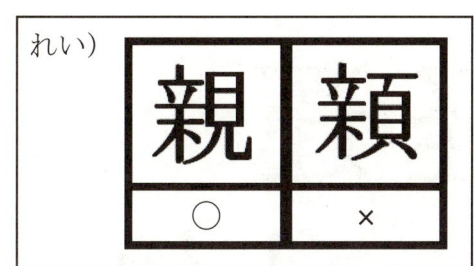

れい)

親	頼
○	×

①

員	見

②

質	覧

③

題	題

④

顔	顔

⑤

覚	貸

⑥

頭	頭

🐰 TOPIC 9 ― ▌頭と顔のかんようく▐ ―

「頭」と「顔」をつかった慣用句(かんようく/ 관용구)をしらべてみましょう。

[보기]「顔から火が出る」⇒ <u>はずかしくて、顔がとてもあかくなる。</u>

　①「顔が広い(ひろい)」⇒ _____

　②「顔を出す(だす)」⇒⇒ _____

　③「頭が痛い(いたい)」⇒ _____

　④「頭が固い(かたい)」⇒ _____

字	オン	くん	漢字のことば	
転	テン	ころ-びます	自転車 (자전거)	転校 (전학/전교)
軽	ケイ	かる-い かろ-やか	軽自動車 (경자동차)	軽食 (경식)
運	ウン	はこ-びます	運動 (운동)	運送 (운송)
重	ジュウ	おも-い かさ-ねます	体重 (체중/몸무게)	重力 (중력)
動	ドウ	うご-きます うご-かします	行動 (행동)	自動 (자동)
働	ドウ	はたら-きます	労働 (노동)*	
理	リ		料理 (요리)	理由 (이유)*
野	ヤ	の	野菜 (야채)	分野 (분야)

1 STEP UP!

転出 (전출)   運転 (운전)   運 (운/운수)   重要 (중요)*
動物 (동물)   心理 (심리)   理解 (이해)*   野球 (야구)

1 つぎの ＿＿＿ のよみかたをこたえてください。

다음 ＿＿＿의 읽기를 답하시오(히라가나로).

① 運転 ［　　　　　　　］　② 転びます ［　　びます］

③ 軽自動車 ［　　　　　　　］　④ 軽い ［　　い］

⑤ 運そう(運送) ［　　そう］　⑥ たい重(体重) ［たい　］

⑦ 重よう ［　　よう］　⑧ 重い ［　　い］

⑨ 動ぶつ(動物) ［　　ぶつ］　⑩ ろう働(労働) ［ろう　］

⑪ りょう理(料理) ［りょう　］　⑫ 野さい(野菜) ［　　さい］

2 つぎのぶんしょうの、＿＿＿ のよみかたをこたえてください。

다음 문장의 ＿＿＿의 읽기를 답하시오(히라가나로).

① わたしは、ロシアりょう理がすきです。

② 運転が上手な男の人はすてきですね。

③ さいきん野さい不足で、たいちょうが悪いんです。

④ 日本では、外国人ろう働者がふえている。

⑤ さっき、そこで転んでしまいました。

⑥ 女の人は、みんなたい重を気にします。

⑦ 何の 動ぶつがすき？

⑧ 兄は、運そう会社で働いています。

⑨ 軽いにもつなら、いえまでもってあげますよ。

⑩ 本の重ようなところにまるをつけてください。

⑪ むかしのパソコンはとても重かったです。

⑫ 大学に合かくしたので、軽自動車を買ってもらいました。

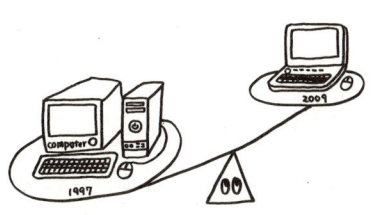

3 つぎの ＿＿＿ をかんじにしてください。

다음 ＿＿＿＿을 한자로 바꾸시오.

① てんこう ⬜⬜

② けいしょく ⬜⬜

③ うんどう ⬜⬜

④ はこびます ⬜ びます

⑤ じゅうりょく ⬜⬜

⑥ こうどう ⬜⬜

⑦ じどう ⬜⬜

⑧ うごきます ⬜ きます

⑨ はたらきます ⬜ きます

⑩ りゆう ⬜ ゆう

⑪ ぶんや ⬜⬜

⑫ かさねます ⬜ ねます

4 つぎのぶんしょうの ＿＿＿ を、かんじにしてください。

다음 문장의 ＿＿＿＿을 한자로 바꾸시오.

① ちこくした <u>りゆう</u>をおしえて <u>く</u>ださい。

② <u>しょうがくせい</u>のとき、5<u>かい</u>も <u>てんこう</u>しました。

③ <u>みぎて</u>と <u>ひだりて</u>を <u>かさ</u>ねてみてください。

④ <u>がいこく</u>では、<u>き</u>をつけて <u>こうどう</u>しなければなりません。

⑤ そのドアは、<u>じどう</u>ドアではないですよ！

⑥ <u>うんどう</u>はすきですが、<u>べんきょう</u>はきらいです。

⑦ <u>あした</u>、<u>せんせい</u>のへやまで、このにもつを <u>はこ</u>んでくれませんか？

⑧ わたしはその <u>ぶんや</u>にはきょうみがありません。

⑨ ひこうきの <u>なか</u>で、<u>けいしょく</u>を <u>た</u>べました。

⑩ はやくそつぎょうして <u>はたら</u>きたいです。

⑪ MP3がこわれて、<u>うご</u>かなくなりました。

⑫ 「<u>じゅうりょく</u>」は、<u>かんこくご</u>で <u>なん</u>といいますか？

5 れいをみて、つぎのもんだいにこたえてください。

(보기)를 보고 다음 문제에 답하시오.

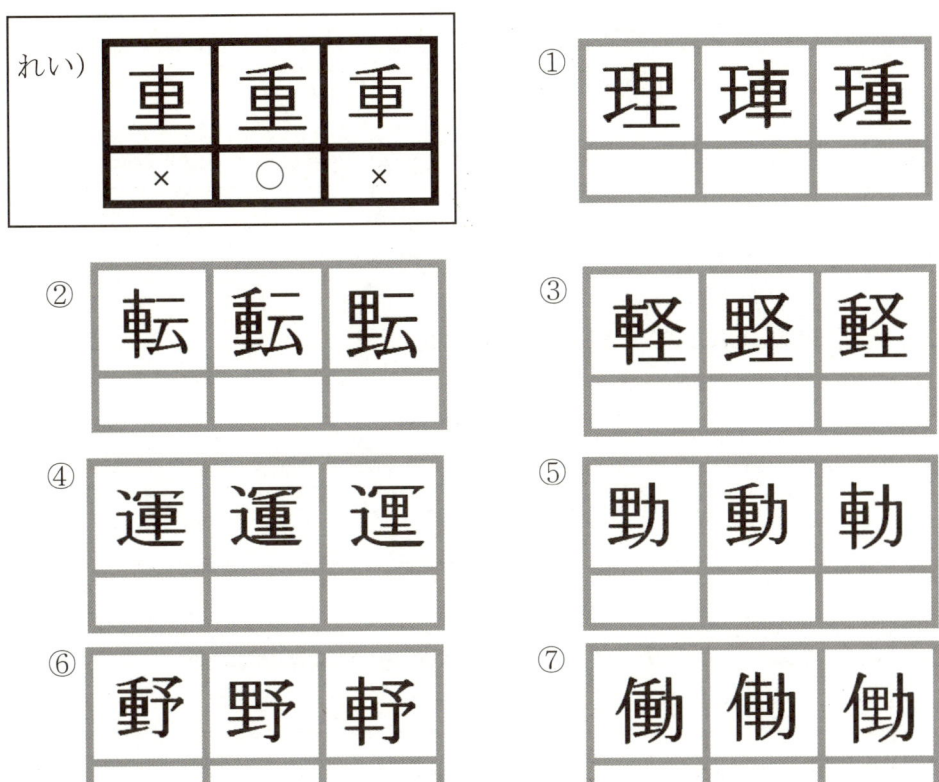

れい)

車	重	車
×	○	×

①

理	珄	珄

②

転	転	転

③

軽	軽	軽

④

運	運	運

⑤

勤	動	軌

⑥

野	野	軒

⑦

働	働	働

TOPIC 10 ▌**韓国料理は日本語で何??**▌

日本人に人気の韓国料理！日本語では何と書くでしょうか？

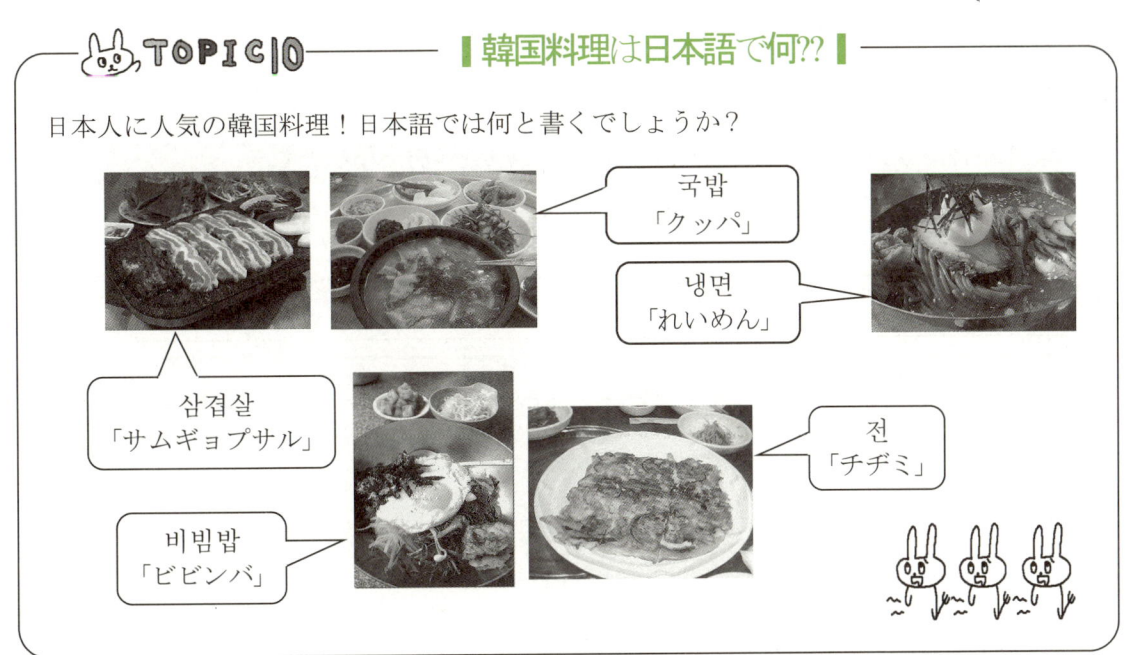

국밥「クッパ」

냉면「れいめん」

삼겹살「サムギョプサル」

전「チヂミ」

비빔밥「ビビンバ」

Part 1 ふくしゅうテスト 복습테스트

1 つぎの ___ の読みかたを答えて下さい。(2点×5＝10点)

다음 _____의 읽기를 답하시오(히라가나로).

① 品質	② ろう働	③ 分野	④ 図書	⑤ 理ゆう
①	②	③	④	⑤

2 つぎの① ～ ⑤をかんじにして下さい。(2点×5＝10点)

다음 ① ～ ⑤를 한자로 바꾸시오.

① しょうがつ	② がんじつ	③ せんがん	④ しゅと	⑤ しゅっとう
①	②	③	④	⑤

3 つぎのぶんしょうの ___ の読みかたを答えてください。(2点×21＝42点)

다음 문장의 _____의 읽기를 답하시오(히라가나로).

① 水曜日は、急に都合が悪くなったので行けませんでした。

② 質もん(質問)には真けん(真剣)に答えるべきだと思います。

③ 早く元気になって親子でいっしょに運動がしたいです。

④ 東京は県ではありません、「東京都」です。

⑤ 雨の日に自動車を運転する時は、すべらないか不安になります。

⑥ かれは自転車の世界大会で話題になりました。

①			
②			
③			
④			
⑤			
⑥			

4 つぎの□に入るかんじを書いて下さい。(2点×19＝38点)

다음의 □안에 들어갈 한자를 써 주시오.

(A) じかん・きせつのかんじ

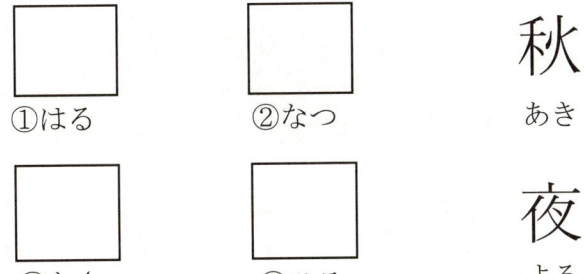

①はる　　②なつ　　秋 あき　　③ふゆ

④あさ　　⑤ひる　　夜 よる

(B) はんたいのいみのかんじ

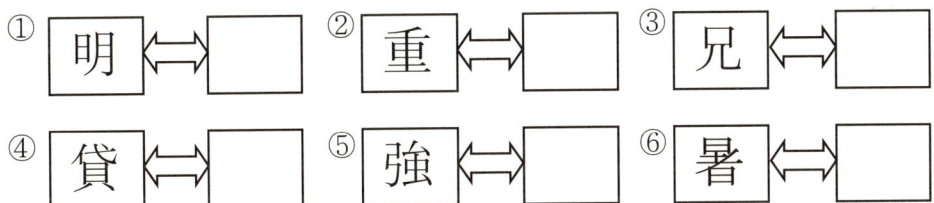

① 明 ⟺ □　② 重 ⟺ □　③ 兄 ⟺ □

④ 貸 ⟺ □　⑤ 強 ⟺ □　⑥ 暑 ⟺ □

(C) おなじよみかたのかんじ

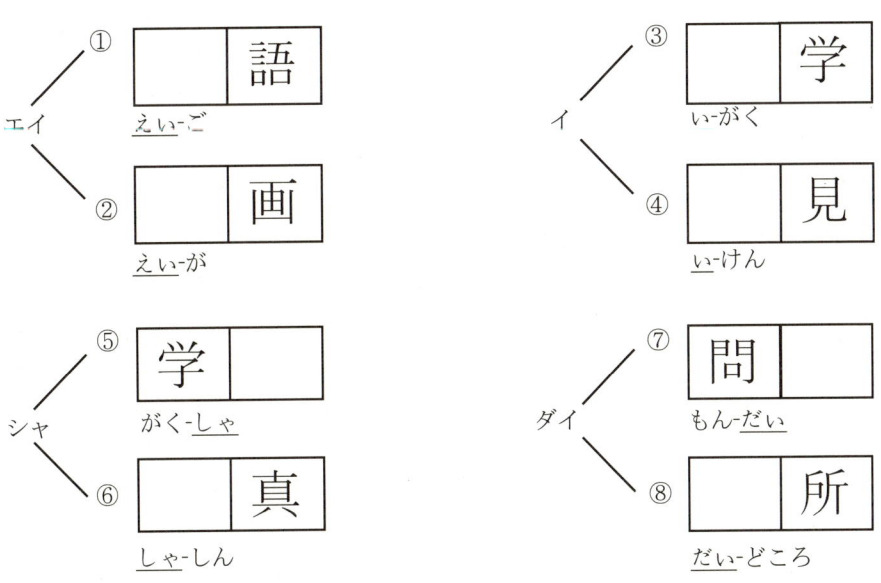

エイ
①□語　えい-ご
②□画　えい-が

イ
③□学　い-がく
④□見　い-けん

シャ
⑤学□　がく-しゃ
⑥□真　しゃ-しん

ダイ
⑦問□　もん-だい
⑧□所　だい-どころ

なまえ：　　　　　　　　　　　　/100

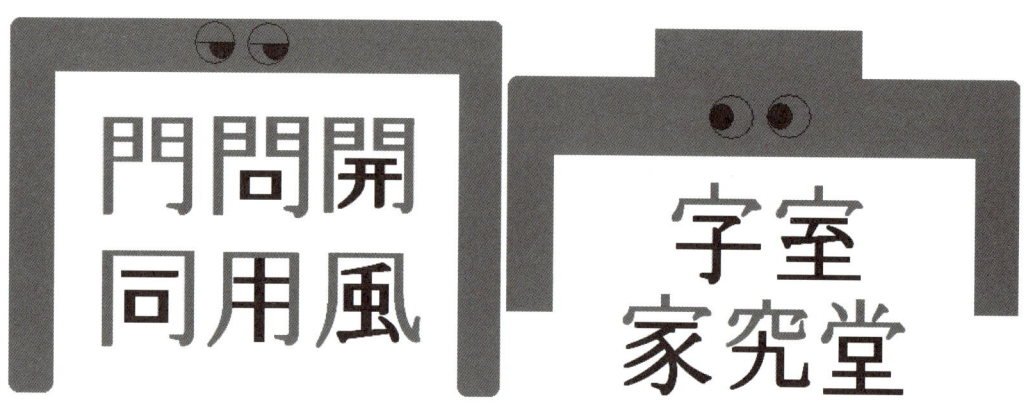

字	オン	くん	漢字のことば	
門	モン		正門 (정문)	校門 (교문)
問	モン	と-います	問題 (문제)	質問 (질문)
開	カイ	あ-きます/あ-けます ひら-きます	開店 (개점)	開始 (개시)
同	ドウ	おな-じ	同時 (동시)	合同 (합동)
用	ヨウ	もち-います	使用 (사용)	用事 (볼일/용건)
風	フウ	かぜ	台風 (태풍)	和風* (일본풍/일본식)
字	ジ		文字 (문자)	漢字 (한자)
室	シツ		教室 (교실)	研究室 (연구실)
家	カ	いえ/や	家族 (가족)	一家 (일가/한 가족)
究	キュウ		研究 (연구)	研究者 (연구자)
堂	ドウ		講堂* (강당)	食堂 (식당)

1 STEP UP!

専門* (전문)　　入門 (입문)　　開発 (개발)　　研究所 (연구소)

同い年 (동갑)　　利用 (이용)　　数字* (숫자)　　室内* (실내)

1 つぎの ＿＿＿ のよみかたをこたえてください。

다음 ＿＿＿의 읽기를 답하시오(히라가나로).

① 校門　[　　　　　]　　② 問題　[　　　　　]

③ 同時　[　　　　　]　　④ 開し(開始)　[　　　し]

⑤ けん究室(研究室)　[けん　　]　　⑥ 台風　[　　　　　]

⑦ 入門　[　　　　　]　　⑧ 用じ(用事)　[　　　じ]

⑨ かん字(漢字)　[かん　　]　　⑩ 食堂　[　　　　　]

⑪ 家ぞく(家族)　[　　　ぞく]　　⑫ 質問　[　　　　　]

2 つぎのぶんしょうの、＿＿＿ のよみかたをこたえてください。

다음 문장의 ＿＿＿의 읽기를 답하시오(히라가나로).

① 先生に質問をする時は、e-mailをおくって下さい。

② 授業の開し5分前には来て下さい。

③ あの人は同時にふたつのりょうりをつくることができます。

④ 校門からコンビニまであるいて5分です。

⑤ 台風の日は学校が休みになるのでうれしいです。

⑥ 大学の前に大きな食堂があります。

⑦ 友だちが用じ(用事)でかえってしまったので、たいくつです。

⑧ 日本語のかんたんな入門の本はどこにありますか？

⑨ さいきんは親と子どもだけでくらす家ぞく(家族)が多いです。

⑩ わかい人が働かずにだらだらしているのは問題です。

⑪ ここにかん字(漢字)で名前を書いて下さい。

⑫ わたしのけん究室しつ(研究室)にはエアコンがついていません。

3 つぎの ____ をかんじにしてください。

다음 _____을 한자로 바꾸시오.

① <u>かいてん</u> [　|　]　　② <u>もち</u>います [　| います]

③ <u>と</u>います [　| います]　　④ <u>けんきゅう</u> [けん |　]

⑤ <u>あ</u>けます [　| けます]　　⑥ <u>おなじ</u> [　| じ]

⑦ <u>もじ</u> [　|　]　　⑧ <u>ようじ</u> [　| じ]

⑨ <u>いっか</u> [　|　]　　⑩ <u>かぜ</u> [　]

⑪ <u>ごうどう</u> [　|　]　　⑫ <u>せいもん</u> [　|　]

4 つぎのぶんしょうの ____ を、かんじにしてください。

다음 문장의 _____을 한자로 바꾸시오.

① すみませんがまどを<u>あ</u>けていただけませんか。

② わたしと<u>きむら</u>さんは<u>とし</u>が<u>おなじ</u>です。

③ <u>にほんご</u>の<u>もじ</u>のひらがなとカタカナは<u>おなじ</u>はつおんです。

④ この<u>すうじ</u>を<u>もち</u>いてグラフをつくりなさい。

⑤ <u>にほん</u>のほとんどのデパートは11<u>じ</u>に<u>かいてん</u>します。

⑥ <u>きょう</u>のじゅぎょうはほかのクラスと<u>ごうどう</u>で<u>おこ</u>ないます。

⑦ <u>ふゆ</u>になるとつめたい<u>かぜ</u>がふいて<u>さむ</u>いので、<u>そと</u>をあるきたくありません。

⑧ <u>きょう</u>ははやくねたいのに、<u>ようじ</u>がおわらないのでねられません。

⑨ <u>たなか</u>さんの<u>いっか</u>は、<u>らいげつ</u>から<u>がいこく</u>へあそびにいきます。

⑩ <u>えいご</u>の<u>けんきゅう</u>をして10<u>ねん</u>になります。

⑪ さいきん、<u>がっこう</u>の<u>きょういく</u>が<u>と</u>われています。

⑫ 6<u>じ</u>に<u>だいがく</u>の<u>せいもん</u>の<u>まえ</u>であいましょう。

5 れいをみて、つぎのもんだいにこたえてください。

(보기)를 보고 다음 문제에 답하시오.

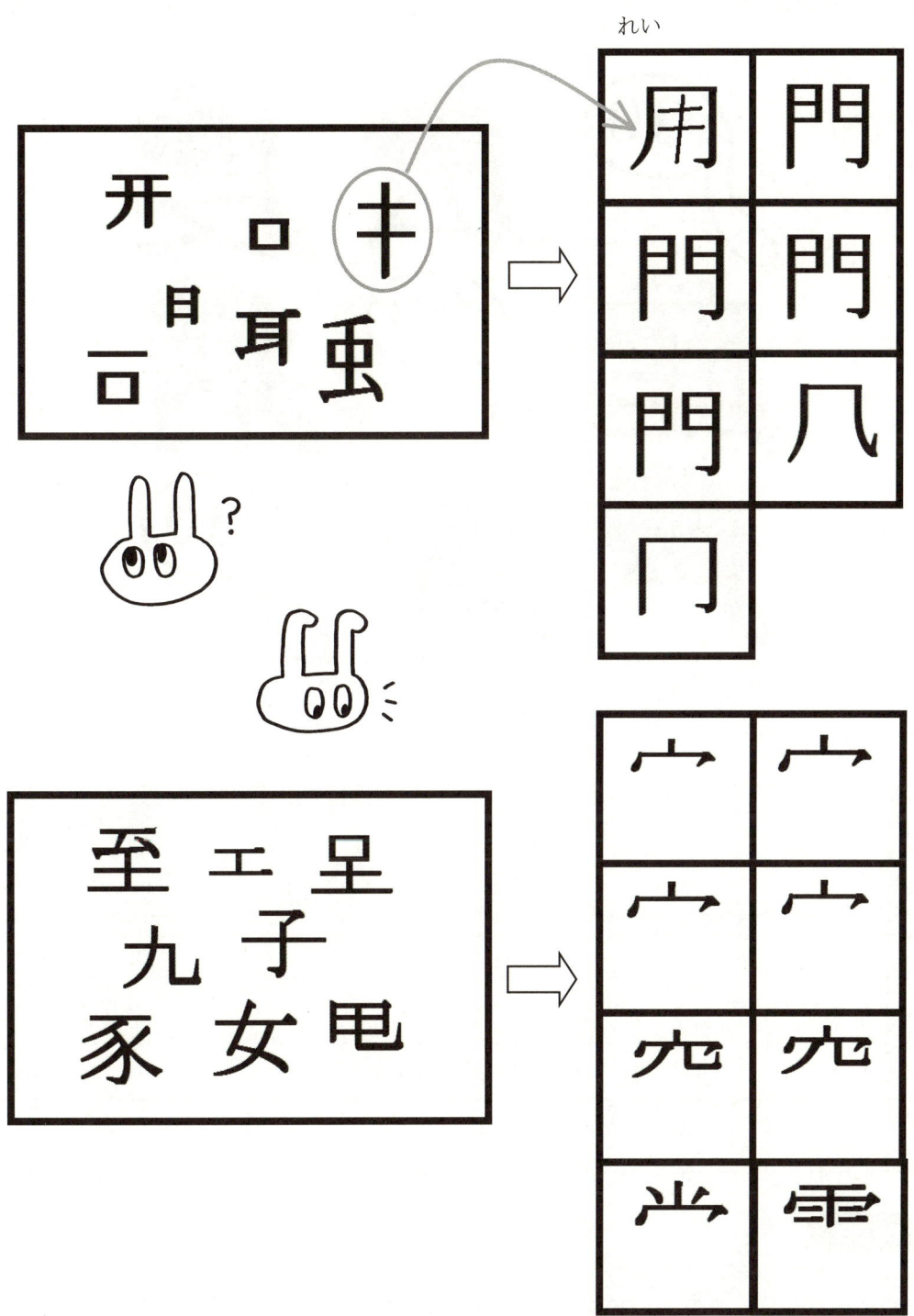

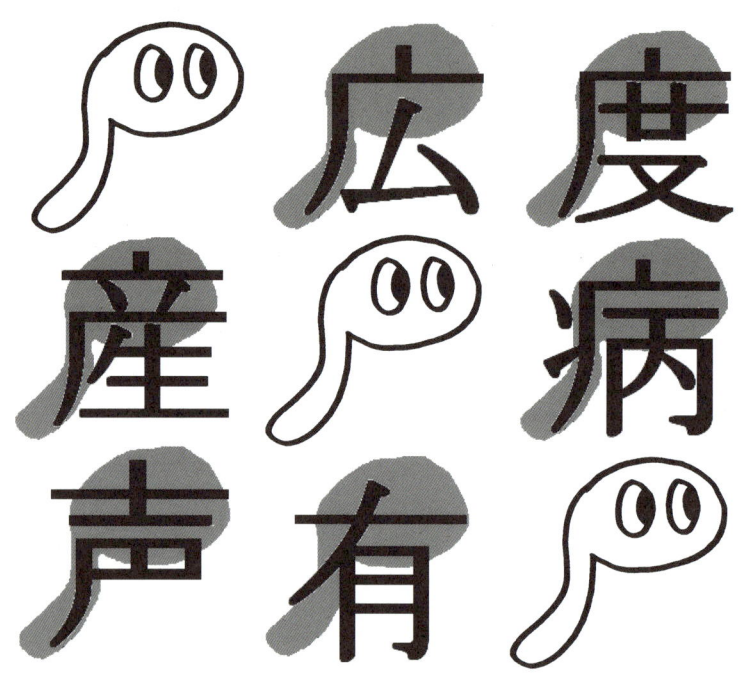

字	オン	くん	漢字のことば	
広	コウ	ひろ-い	こう-こく* 広 告 (광고)	ひろ-ば 広場 (광장)
度	ド		こん-ど 今度 (이번/이 다음)	いち-ど 一度 (한 번)
産	サン	う-みます う-まれます	しゅっ-さん 出 産 (출산)	せい-さん 生 産 (생산)
病	ビョウ		びょう-き 病 気 (병)	びょう-いん 病 院 (병원)
声	セイ	こえ/ーごえ	おん-せい 音 声 (음성)	おお-ごえ 大 声 (큰소리)
有	ユウ	あ-ります	ゆう-りょく 有 力 (유력)	しょ-ゆう 所有 (소유)

1 STEP UP!

ど
 30度 (30도)　　おん-ど*
 温度 (온도)　　ちゅう-ごく-さん
 中 国 産 (중국산)　　さん-ぎょう
 産 業 (산업)

びょう-にん
 病 人 (병자/환자)　　ゆう-りょう
 有 料 (유료)　　ゆう-めい
 有 名 (유명)

1 つぎの ＿＿＿ のよみかたをこたえてください。

다음 ＿＿＿의 읽기를 답하시오(히라가나로).

① 広ば(広場) [　　　　ば　　　　]　② 病院 [　　　　　　　　　]

③ 大声 [　　　　　　　　　]　④ 産ぎょう(産業) [　　ぎょう　　]

⑤ しょ有(所有) [　しょ　　　]　⑥ 声 [　　　　　　　　　]

⑦ 今度 [　　　　　　　　　]　⑧ 有名 [　　　　　　　　　]

⑨ 音声 [　　　　　　　　　]　⑩ 産みます [　みます　　]

⑪ おん度 [　おん　　　]　⑫ 病気 [　　　　　　　　　]

2 つぎのぶんしょうの、＿＿＿ のよみかたをこたえてください。

다음 문장의 ＿＿＿의 읽기를 답하시오(히라가나로).

① 駅前の、広ば(広場)は、よくまち合わせにつかわれます。

② あのおかしは、有名だけどおいしくありません。

③ このたてもののしょ有者(所有者)は海外にすんでいます。

④ 音声あんないにしたがって、すう字を入力して下さい。

⑤ チョコレートをつくる時は、おん度(温度)に気をつけて下さい。

⑥ この町は自動車産ぎょう(自動車産業)で有名です。

⑦ わたしの町の病院にはいつもたくさんの人が来ます。

⑧ 山田さんは、声が大きくて元気な人です。

⑨ わたしの兄は病気になったことがありません。

⑩ 来月、あねが二人目の赤ちゃんを産みます。

⑪ 今度、新しくできたデパートに行ってみませんか。

⑫ おそい時間に大声を出してさわいではいけません。

3 つぎの ＿＿＿ をかんじにしてください。

다음 ＿＿＿＿＿을 한자로 바꾸시오.

① ひろい | | い | ② うみます | | みます
③ あります | | ります | ④ 30ど | 30 |
⑤ こえ | | | ⑥ ゆうりょく | |
⑦ しゅっさん | | | ⑧ いちど | |
⑨ こうこく | | こく | ⑩ びょうにん | |
⑪ ゆうめい | | | ⑫ せいさん | |

4 つぎのぶんしょうの ＿＿＿ を、かんじにしてください。

다음 문장의 ＿＿＿＿＿을 한자로 바꾸시오.

① わたしのきょうだいは、みんなこえがにています

② かれには、いいところもわるいところもあります。

③ アメリカにはまだいったことがないので、いちど いってみたいです。

④ びょうにんはゆっくりやすんでください。

⑤ でんしゃのなかにはたくさんのこうこくがあります。

⑥ いとこが、らいげつ しゅっさんします。

⑦ このたべものは、3どでほぞんしてください。

⑧ つぎのしゃちょうとして、たなかさんはいちばんゆうりょくだ。

⑨ ともだちが、らいしゅう おんなのこをうみます。

⑩ わたしのむらは、りんごのせいさんりょうがにほんでいちばんです。

⑪ わたしのいえにはひろいにわがあります。

⑫ プサンは、テジクッパ(돼지국밥)がとてもゆうめいです。

5 れいをみて、つぎのもんだいにこたえてください。
（보기）를 보고 다음 문제에 답하시오.

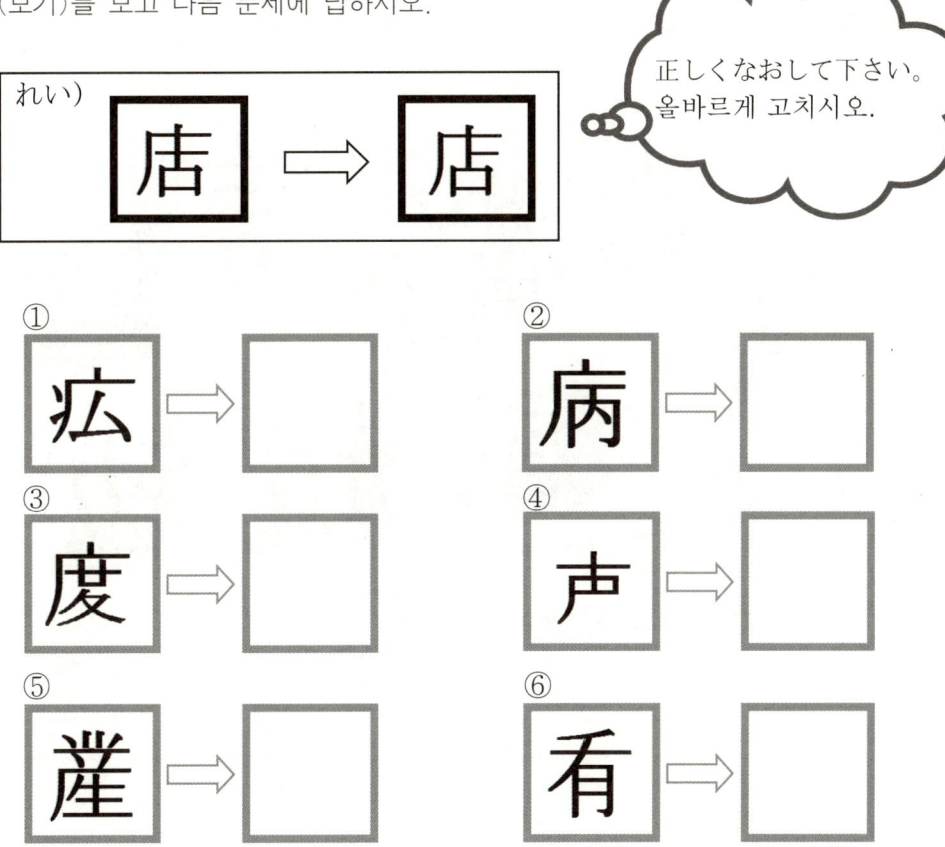

れい）
店 ⇒ 店

正しくなおして下さい。
올바르게 고치시오.

① 広 ⇒ □ ② 病 ⇒ □

③ 度 ⇒ □ ④ 声 ⇒ □

⑤ 産 ⇒ □ ⑥ 看 ⇒ □

₍₀ᵤTOPIC₎ ▌日本の病院と「科」??▐

日本の病院には、どんな「科」があるでしょうか。かんたんに見てみましょう。

「内科（ないか/내과）」・・・手術（しゅじゅつ/수술）せず、
　　　　　　　　　薬（くすり）などで病気をなおす科。
　　　　　　　　　※かぜをひいた時は、まず内科に行くといいでしょう。

「外科（げか/외과）」・・・薬ではなく、手術で病気をなおす科。
　　　　　　　　　※交通事故（こうつうじこ）の時は、外科に行きます。

「整形外科（せいけいげか/정형외과）」・・・骨（ほね/뼈）や関節（かんせつ/관절）の科。

「産婦人科（さんふじんか/산부인과）」・・・女の人の妊娠（にんしん/임신）、
　　　　　　　　　出産（しゅっさん/출산）にかんけいする科。

「小児科（しょうにか/소아과）」・・・小さいこどものための科。

かたちがにているかんじ③
모양이 닮은 한자(아래쪽 부분)

字	オン	くん	漢字のことば	
近	キン	ちか-い	近所 (근처)	最近* (최근)
送	ソウ	おく-ります	発送 (발송)	送料 (송료)
進	シン	すす-みます すす-めます	進学 (진학)	前進 (전진)
通	ツウ	とお-ります/-どおり かよ-います	通学 (통학)	交通* (교통)
建	ケン	た-ちます た-てます	建設* (건설)	建物 (건물)
起	キ	おきます/おこります お-こします	起立 (기립)	起床* (기상)
勉	ベン		勉強 (공부)	勉学 (면학)

1 STEP UP!

送別会 (송별회)　　見送り (배웅하다)　　先進国 (선진국)　　進歩 (진보)

大通り (대로)　　通信* (통신)　　建築* (건축)　　勤勉* (근면)

1 つぎの ＿＿＿ のよみかたをこたえてください。

다음 ＿＿＿의 읽기를 답하시오(히라가나로).

① 建もの(建物) 　｜ もの ｜　　② 勉強 　｜　　　　 ｜

③ 進ぽ(進歩) 　｜ ぽ ｜　　④ 大通り 　｜ り ｜

⑤ 近じょ(近所) 　｜ じょ ｜　　⑥ 起立 　｜　　　　 ｜

⑦ 送べつ会(送別会) 　｜ べつ ｜　　⑧ こう通(交通) 　｜ こう ｜

⑨ 前進 　｜　　　　 ｜　　⑩ 見送る 　｜ る ｜

⑪ さい近(最近) 　｜ さい ｜　　⑫ 建せつ(建設) 　｜ せつ ｜

2 つぎのぶんしょうの、＿＿＿ のよみかたをこたえてください。

다음 문장의 ＿＿＿의 읽기를 답하시오(히라가나로).

① 大通りは人がたくさんいるので、きをつけてね。

② 授業のあいさつの時は、みんな起立します。

③ あの人は、何年たっても進ぽ(進歩)がありません。

④ 家の前で近じょ(近所)の田中さんに会いました。

⑤ 山田さんの送べつ会(送別会)には、ぜひよんでください。

⑥ さい近(最近)新しいかれしができました。

⑦ 大学の建もの(建物)は古いです。

⑧ 朝はこう通(交通)じこが多いので、気をつけましょう。

⑨ 新しいホテルを建せつ(建設)中です。

⑩ 日本人の友だちを、駅で見送ります。

⑪ 勉強する時はテレビをけしてください。

⑫ 毎日 前進すればいつかゴールが見えてきます。

3 つぎの ____ をかんじにしてください。
다음 _____을 한자로 바꾸시오.

① ちかい [ ][い]　　② すすみます [ ][みます]

③ たてます [ ][てます]　　④ おくります [ ][ります]

⑤ おきます [ ][きます]　　⑥ かよいます [ ][います]

⑦ べんがく [ ][ ]　　⑧ つうしん [ ][しん]

⑨ はっそう [ ][ ]　　⑩ きしょう [ ][しょう]

⑪ つうがく [ ][ ]　　⑫ けんちく [ ][ちく]

⑬ きんじょ [ ][ ]　　⑭ せんしんこく [ ][ ][ ]

4 つぎのぶんしょうの ____ を、かんじにしてください。
다음 문장의 _____을 한자로 바꾸시오.

① ゆうびんきょくからは、まいにちたくさんのにもつがはっそうされます。

② わたしはいま、おおさかのだいがくにかよっています。

③ インターネットのつうしんがうまくいきません。

④ にほんのけんちくぶつはきでできているものがおおいです。

⑤ おとうとはいつもわたしよりもはやくおきます。

⑥ さむいふゆでも、あついなつでも、いっしょうけんめいべんがくにはげみます。

⑦ きんじょにおいしいレストランがあるので、こんど たべにいきませんか。

⑧ わたしは、6じにきしょうしてじてんしゃでつうがくしています。

⑨ せんしんこくはこうぎょうがはったつしています。

⑩ やまもとさんはわたしのいえのちかくにすんでいます。

⑪ つきにいっかい、ははにてがみをおくります。

5 れいをみて、つぎのもんだいにこたえてください。
(보기)를 보고 다음 문제에 답하시오.

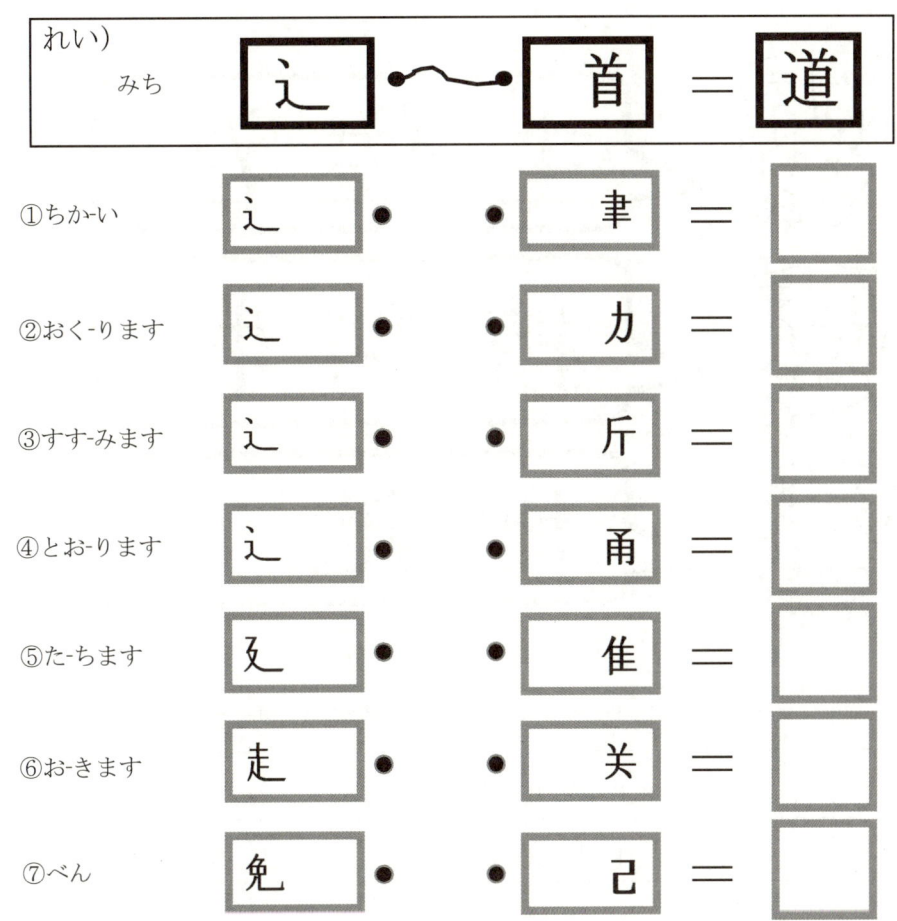

れい)
みち　辶 ～ 首 ＝ 道

①ちか-い　辶 ・ ・ 聿 ＝ ☐

②おく-ります　辶 ・ ・ 力 ＝ ☐

③すす-みます　辶 ・ ・ 斤 ＝ ☐

④とお-ります　辶 ・ ・ 甬 ＝ ☐

⑤た-ちます　又 ・ ・ 隹 ＝ ☐

⑥お-きます　走 ・ ・ 关 ＝ ☐

⑦べん　免 ・ ・ 己 ＝ ☐

🐰 **TOPIC 2** — ▎**日本のけいたいでんわ** ▎

日本には、大きな携帯電話(けいたいでんわ/휴대폰)の会社が <u>3つ</u>あります。(2010年現在)

DOCOMO
（ドコモ）

SOFT
BANK
（ソフトバンク）

AU
（エーユー）

★韓国では、ＳＫテレコム(エスケーテレコム)、ＫＴＦ(ケーティーエフ)、ＬＧテレコム(エルジーテレコム)などがゆうめいですね。

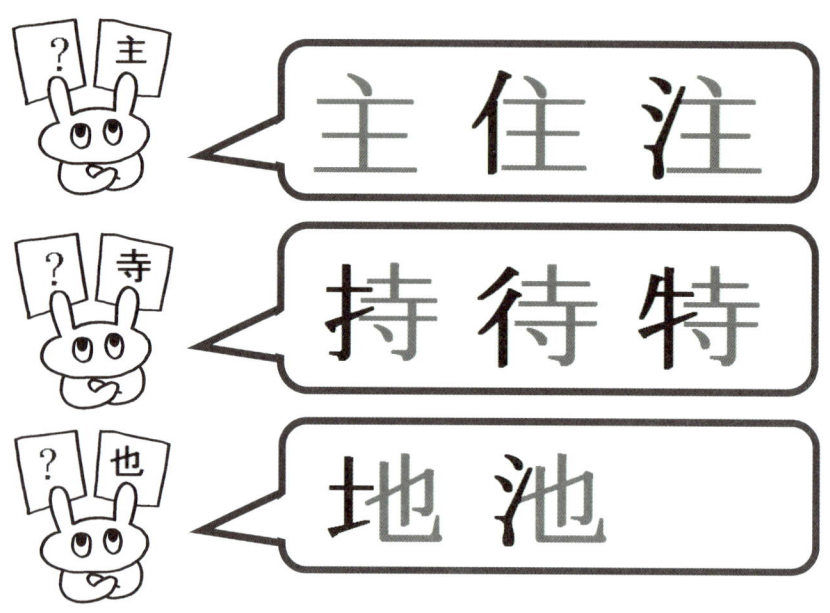

字	オン	くん	漢字のことば	
主	シュ	おも-な ぬし	主人 (주인)*	持ち主 (소유자)
住	ジュウ	す-みます	住人 (거주자)	住所 (주소)
注	チュウ	そそ-ぎます	注意 (주의)	注文 (주문)
持		も-ちます	気持ち (마음/기분)	持ち物 (소지품)
待	タイ	ま-ちます	待合室 (대합실)	招待 (초대)
特	トク/トッ		特別 (특별)	特急 (특급)
池	チ	いけ	電池 (전지)	
地	チ/ジ		地図 (지도)	土地 (토지)

1 STEP UP!

主婦 (주부)*　　住民 (주민)　　注目 (주목)　　期待 (기대)*

特色 (특색)　　特に (특히/특별히)　　地震 (지진)*　　地下 (지하)

1 つぎの＿＿＿のよみかたをこたえてください。

다음 ＿＿＿의 읽기를 답하시오(히라가나로).

① 注意 [　　　　　] ② 電池 [　　　　　]

③ 住しょ(住所) [　しょ　] ④ 特に [　　に　]

⑤ 池 [　　　　　] ⑥ 待合室 [　　　　　]

⑦ 主人 [　　　　　] ⑧ 特急 [　　　　　]

⑨ 地図 [　　　　　] ⑩ 注ぐ [　　ぐ　]

⑪ 地しん(地震) [　しん　] ⑫ 持ち主 [　ち　　]

2 つぎのぶんしょうの、＿＿＿のよみかたをこたえてください。

다음 문장의 ＿＿＿의 읽기를 답하시오(히라가나로).

① 病院の待合室にはおもちゃや、本がおいてあります。

② 特急電車はとまる駅が少ないので、気をつけて下さい。

③ 大学の池には、ゴミをすてないで下さい。

④ 休日は、特に用じがなければ家でごろごろしています。

⑤ ここに、あなたの住しょ(住所)を書いて下さい。

⑥ ケータイの電池がきれたので、その日はれんらくできませんでした。

⑦ 地図を見ましたが、今どこにいるか分かりません。

⑧ お店の人が来て、コップに水を注いでくれました。

⑨ 地しん(地震)の時は、つくえの下にかくれましょう。

⑩ この家の持ち主は今 海外に行っていますよ。

⑪ 木村さんのご主人は、よくゴルフに行きます。

⑫ 朝はまだ寒いので、カゼをひかないよう注意して下さい。

3 つぎの ＿＿＿ をかんじにしてください。
다음 ＿＿＿＿＿을 한자로 바꾸시오.

① すみます		みます
③ もちます		ちます
⑤ いけ		
⑦ じゅうにん		
⑨ しょうたい	しょう	
⑪ じゅうしょ		しょ
⑬ ちか		

② おもな		な
④ まちます		ちます
⑥ そそぎます		ぎます
⑧ とち		
⑩ とくしょく		
⑫ ちゅうもく		
⑭ きもち		ち

4 つぎのぶんしょうの ＿＿＿ を、かんじにしてください。
다음 문장의 ＿＿＿＿＿을 한자로 바꾸시오.

① このとちのおもなさんぎょうは、すいさんぎょうです。

② さいきんのがくせいは、じどうしゃをもっています。

③ デパートのちかにはしょくひん うりばがあります。

④ みなさん、こくばんにちゅうもくしてください。

⑤ バスがくるまで、ゲームをしながらまちます。

⑥ それぞれのだいがくが、いろいろなとくしょくをもっています。

⑦ いけにきれいなみずをそそぎました。

⑧ きんじょのじゅうにんをしょくじにしょうたいしました。

⑨ しらないひとには、あまりじゅうしょをおしえないほうがいいです。

⑩ このおみせの2かいには、ごしゅじんのおとうとがすんでいます。

⑪ かなしいきもちになったときは、マンガをよんでわすれましょう。

5 れいをみて、つぎのもんだいにこたえてください。

(보기)를 보고 다음 문제에 답하시오.

れい)

時	間	じ-かん

①
主	所	じゅう-しょ

②
主	意	ちゅう-い

③
期	寺	き-たい

④
寺	別	とく-べつ

⑤
電	也	でん-ち

⑥
也	図	ち-ず

⑦
気	寺	ち	き-も-ち

🐰 TOPIC 3 ─── ▌特急より早い「しんかんせん」▌ ───

韓国では、ＫＴＸ(ケーティーエックス)がべんりですが、
　　　　日本では、新幹線(しんかんせん/신간선)がとてもべんりです。

■東京(とうきょう) ⇔ 大阪(おおさか)・・・2時間40分~3時間

■東京(とうきょう) ⇔ 博多(はかた)・・・5時間~5時間30分
　　　　　　　↑福岡県(ふくおかけん)

※新幹線ができるまえは特急電車がありましたが、
東京と大阪の間は、6時間30分かかったそうです。。。

にている・まちがいやすいかんじ⑤
모양이 닮아 틀리기 쉬운 한자⑤

 女

好 始 姉 妹

 木

林 森
楽 薬 集

乗
業

字	オン	くん	漢字のことば	
好	コウ	す-きな	好物 (좋아하는 음식/좋아하는 것)	
姉	シ	あね	姉貴 (누님)	お姉さん (언니/누나)
妹	マイ	いもうと	姉妹 (자매)	
始	シ	はじ-まります はじ-めます	開始 (개시)	始発 (시발/첫 출발)
林	リン	はやし -ばやし	山林 (산림)	林業 (임업)
森	シン	もり	森林 (삼림/숲)	
楽	ガク/ラク ガッ-	たの-しい たの-しみます	音楽 (음악)	楽 (편안함)
薬	ヤク	くすり -ぐすり	目薬 (안약)	薬品 (약품)
集	シュウ	あつ-まります あつ-めます	集合 (집합)	集中 (집중)
乗	ジョウ	の-ります	乗車 (승차)	乗り場 (승차장/타는 곳)
業	ギョウ		作業 (작업)	業者 (업자)

1 STEP UP!

楽器 (악기)　　　漢方薬 (한방약)　　　飲み薬 (먹는 약)　　　授業 (수업)

1 つぎの　＿＿＿のよみかたをこたえてください。

다음 ＿＿＿의 읽기를 답하시오(히라가나로).

① 姉妹　[　　　　　]　② 始発　[　　　　　]

③ 林業　[　　　　　]　④ 森林　[　　　　　]

⑤ 好ぶつ(好物)　[　ぶつ　]　⑥ 開始　[　　　　　]

⑦ 乗車　[　　　　　]　⑧ 集めます　[　めます　]

⑨ 始めます　[　めます　]　⑩ 好き　[　き　]

⑪ 集合　[　　　　　]　⑫ 目薬　[　　　　　]

⑬ 楽器　[　　　　　]　⑭ 授業　[　　　　　]

2 つぎのぶんしょうの、＿＿＿のよみかたをこたえてください。

다음 문장의 ＿＿＿의 읽기를 답하시오(히라가나로).

① お父さんはさしみが好ぶつ(好物)です。

② かのじょはいろいろな楽器を持っています。

③ 木のねだんが安くて、さい近の林業はきびしいです。

④ 7時にここで集合なのに、田中くんはまだ来ません。

⑤ 目がかわいた時は、目薬をつかいます。

⑥ わたしは、しゅみできっぷを集めています。

⑦ となりの家の姉妹はどちらもきれいですが、わたしは妹さんが好きです。

⑧ はしって乗車しないで下さい。

⑨ 9時になったので、授業を始めます。

⑩ つかれた時、森林を見ると気持ちがおちつきます。

⑪ テストが開始されてすぐ、えんぴつがないことに気がつきました。

3 つぎの____をかんじにしてください。

다음 _____을 한자로 바꾸시오.

① <u>す</u>き [　　] [き]　　② <u>はじ</u>めます [　　] [めます]

③ <u>おんがく</u> [　　] [　　]　　④ <u>はやし</u> [　　]

⑤ <u>しまい</u> [　　] [　　]　　⑥ <u>しはつ</u> [　　] [　　]

⑦ <u>やくひん</u> [　　] [　　]　　⑧ <u>もり</u> [　　]

⑨ <u>さぎょう</u> [　　] [　　]　　⑩ <u>しゅうちゅう</u> [　　] [　　]

⑪ <u>あつ</u>めます [　　] [めます]　　⑫ <u>たの</u>しい [　　] [しい]

⑬ <u>の</u>ります [　　] [ります]　　⑭ <u>くすり</u> [　　]

4 つぎのぶんしょうの____を、かんじにしてください。

다음 문장의 _____을 한자로 바꾸시오.

① <u>しはつ</u>の<u>でんしゃ</u>は、<u>ひと</u>が<u>す</u>くないです。

② <u>いえ</u>で<u>べんきょう</u>する<u>とき</u>は、<u>おんがく</u>を<u>き</u>きます。

③ <u>こ</u>どものころ、<u>きんじょ</u>の<u>はやし</u>でよく<u>あそ</u>びました。

④ <u>とも</u>だちとあそんでいる<u>とき</u>は<u>たの</u>しいです。

⑤ おしゃべりをしないで、<u>さぎょう</u>に<u>しゅうちゅう</u>してください。

⑥ <u>べんきょう</u>を<u>はじ</u>めてから<u>さんじかん</u>たちました。

⑦ <u>きょう</u>は<u>ひとり</u>5000<u>えん</u>ずつ<u>あつ</u>めます。

⑧ <u>うち</u>の<u>しまい</u>は、どちらもピアノをひくのが<u>す</u>きです。

⑨ この<u>やくひん</u>は、<u>ちゅうい</u>してつかってください。

⑩ <u>もり</u>にはいろんな<u>い</u>きものがいます。

⑪ <u>でんしゃ</u>に<u>の</u>るまえに<u>くすり</u>をのみましょう。

5 れいをみて、つぎのもんだいにこたえてください。

(보기)를 보고 다음 문제에 답하시오.

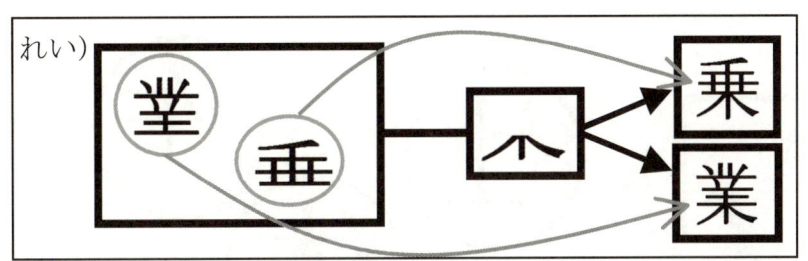

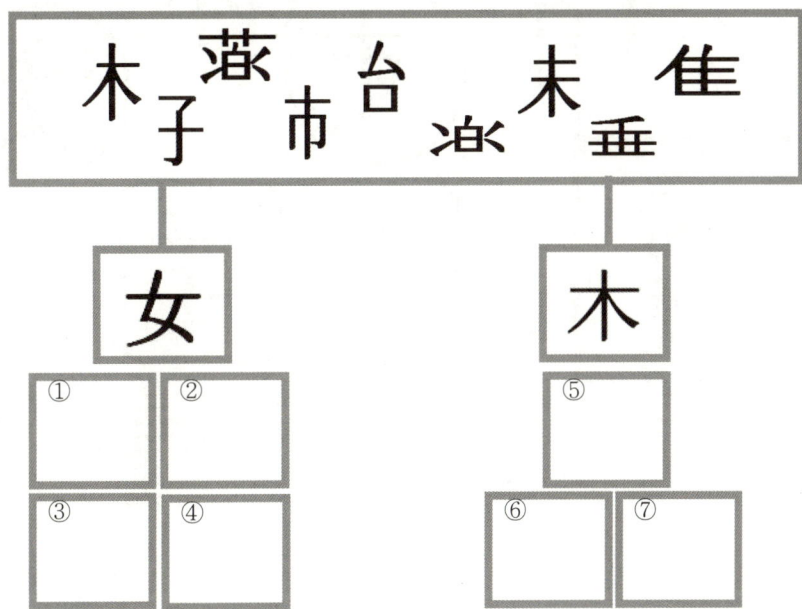

①	②
③	④

⑤

⑥	⑦

 **TOPIC14** ▎ 乗車中のマナー ▎

電車や地下鉄(ちかてつ/지하철)に乗る時は、マナー(매너)に気をつけましょう!

けいたいでんわ　　　大きな声で会話　　　しょくじ　　　大きな音楽

　←新聞を大きく広げるのも、だめです。　

にている・まちがいやすい漢字⑥
모양이 닮아 틀리기 쉬운 한자⑥

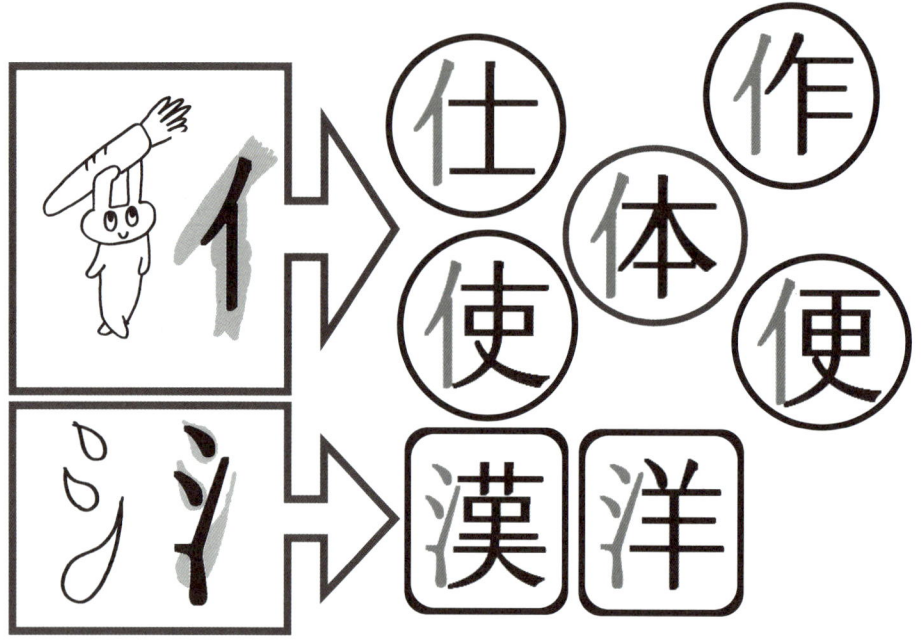

字	オン	くん	漢字のことば	
仕	シ		仕事（일） し-ごと	仕方（방법/수단） し-かた
作	サク/サ	つく-ります	作文（작문） さく-ぶん	作業（작업） さ-ぎょう
体	タイ	からだ	体力（체력） たい-りょく	大体（대체로） だい-たい
使	シ	つか-います	使用（사용） し-よう	大使館（대사관） たい-し-かん
便	ベン/ビン	たよ-り	不便（불편） ふ-べん	便利（편리） べん-り
漢	カン		漢字（한자） かん-じ	漢文（한문） かん-ぶん
洋	ヨウ		洋食（양식） よう-しょく	西洋（서양） せい-よう

1 STEP UP!

作品（작품）   体重（체중）   使い方（사용 방법）   郵便＊（우편）
さく-ひん   たい-じゅう   つか かた   ゆう-びん＊

便利＊（편리）   漢方薬（한방약）   太平洋（태평양）
べん-り＊   かん-ぽう-やく   たい-へい-よう

1 つぎの ＿＿＿のよみかたをこたえてください。

다음 ＿＿＿의 읽기를 답하시오(히라가나로).

① 大使かん(大使館)　｜ かん ｜　② 体重　｜　　｜

③ 仕ごと(仕事)　｜ ごと ｜　④ 洋食　｜　　｜

⑤ 便り(便利)　｜ り ｜　⑥ 作品　｜　　｜

⑦ 作ります　｜ ります ｜　⑧ 使います　｜ います ｜

⑨ 太平洋　｜　　｜　⑩ 作文　｜　　｜

⑪ 使用　｜　　｜　⑫ 漢字　｜　　｜

2 つぎの ぶんしょうの、＿＿＿のよみかたを こたえてください。

다음 문장의 ＿＿＿의 읽기를 답하시오(히라가나로).

① 女の人は、体重を気にします。

② 太平洋にはたくさんのしまがあります。

③ 9時から仕ごと(仕事)を始めるために、7時には家を出ます。

④ どうしてもおぼえられない漢字があります。

⑤ 大学の近くにはおいしい洋食のお店がたくさんあります。

⑥ 来月、大使かん(大使館)に行かなければなりません。

⑦ さい近、おかしの作りかたを勉強しています。

⑧ 夏休みの思い出を作文に書きます。

⑨ ここにはいろいろな文学作品があります。

⑩ このりょう理(料理)は、たくさんさとうを使います。

⑪ 自動車があると便り(便利)ですが、お金がたくさんかかります。

⑫ この電話を使用する時は、お金を入れて下さい。

3 つぎの＿＿＿を漢字にしてください。

다음 ＿＿＿＿을 한자로 바꾸시오.

① つくります　[　　｜りります]　　② つかいます　[　　｜います]

③ たいりょく　[　　｜　　]　　④ だいたい　[　　｜　　]

⑤ せいよう　[　　｜　　]　　⑥ からだ　[　　]

⑦ しかた　[　　｜かた]　　⑧ さくぶん　[　　｜　　]

⑨ ふべん　[　　｜　　]　　⑩ たいじゅう　[　　｜　　]

⑪ かんぶん　[　　｜　　]　　⑫ さぎょう　[　　｜　　]

4 つぎのぶんしょうの＿＿＿を、漢字にしてください。

다음 문장의 ＿＿＿＿을 한자로 바꾸시오.

① さくぶんはもじをたくさんかくので、てがつかれます。

② ずっとスポーツをしているので、たいりょくにはじしんがあります

③ せいようのものがたりには、よくきれいなおんなのひとがでてきます。

④ かんぶんのべんきょうはむずかしいです。

⑤ わたしはいちねんにだいたい10さつほんをよみます。

⑥ じどうしゃがないと、とてもふべんです。

⑦ きょうはわたしがりょうりをつくります。

⑧ からだがとてもつかれてうごけません。

⑨ かれはうんてんのしかたがへただから、いっしょにくるまにのりたくないな。

⑩ びょうきでたいじゅうが5kgへってしまいました。

⑪ おなじさぎょうばかりしていると、だんだんねむくなってきます。

⑫ ほかのひとのパソコンをかってにつかわないでください。

5 れいをみて、つぎの もんだいに こたえてください。
(보기)를 보고 다음 문제에 답하시오.

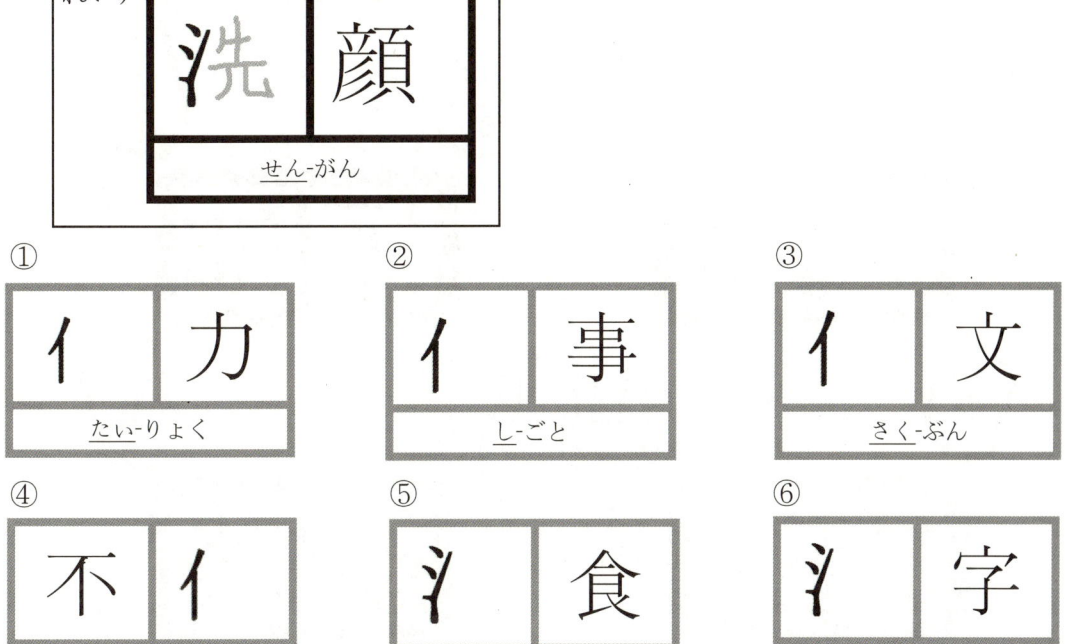

れい)

洗	顔
せん-がん	

① たい-りょく
② し-ごと
③ さく-ぶん
④ ふ-べん
⑤ よう-しょく
⑥ かん-じ

🐰**TOPIC15** ▌JLPTにひつような漢字▐

みなさん、日本語能力試験(にほんごのうりょくしけん/JLPT)が新しくなったのをしっていますか?漢字はいくつ勉強したらいいのでしょうか?新しい試験は出題基準(출제기준)がありませんが、これまでのデータをさんこうにすると下のひょうのようによそうされます。
また、日本の小学校では、どのくらい漢字を勉強するのでしょうか?

[JLPT]1926字

レベル (레벨)	漢字のかず
N5	103
N3・4	181 (284)
N2	739 (1023)
N1	903 (1926)

※ ( ) の中は、合計 (합계)

[日本の小学校]1006字

学年 (학년)	漢字のかず
1年生	80
2年生	160 (240)
3年生	200 (440)
4年生	200 (640)
5年生	185 (825)
6年生	181 (1006)

にている・まちがいやすい漢字⑦
모양이 닮아 틀리기 쉬운 한자⑦

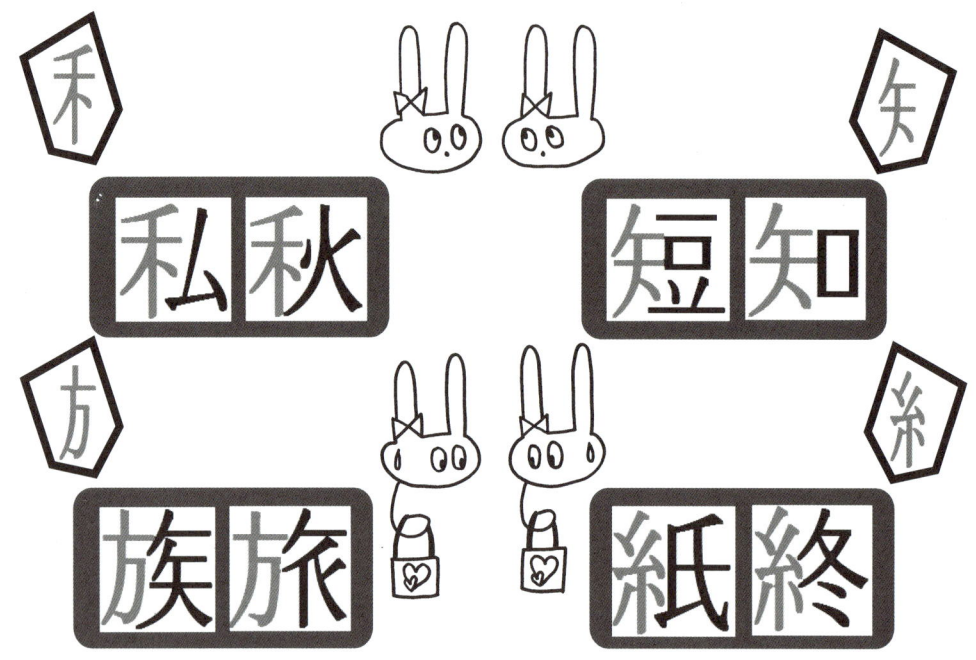

字	オン	くん	漢字のことば	
私	シ	わたし わたくし	私有地（사유지） ^{し-ゆう-ち}	私立大学（사립 대학） ^{し-りつ-だい-がく}
秋	シュウ	あき	秋分（추분） ^{しゅう-ぶん}	秋田県（아키타 현） ^{あき-た-けん}
知	チ	し-ります し-らせます	知人（지인） ^{ち-じん}	高知県（고치 현） ^{こう-ち-けん}
短	タン	みじか-い	短気（급한 성미） ^{たん-き}	短所（단점） ^{たん-しょ}
旅	リョ	たび	旅行（여행） ^{りょ-こう}	旅館（여관） ^{りょ-かん}
族	ゾク		家族（가족） ^{か-ぞく}	民族（민족） ^{みん-ぞく}
紙	シ	かみ/ーがみ	新聞紙（신문지） ^{しん-ぶん-し}	手紙（편지） ^{て-がみ}
終	シュウ	お-わります お-えます	終電（마지막 전차） ^{しゅう-でん}	終了（종료） ^{しゅう-りょう*}

1 STEP UP!

秋風（추풍/가을 바람）　知識（지식）　知り合い（아는 사람）　短期（단기）
^{あき-かぜ}　^{ち-しき*}　^{し あ}　^{たん-き*}

旅人（여행자/나그네）　用紙（용지）　最終（최종）
^{たび-びと}　^{よう-し}　^{さい-しゅう*}

1 つぎの＿＿＿のよみかたをこたえてください。
다음 ＿＿＿의 읽기를 답하시오(히라가나로).

① 私有地 [　　　　] ② 私 [　　　　]

③ 秋風 [　　　　] ④ 知しき(知識) [しき]

⑤ 高知県 [　　　　] ⑥ 短い [　　い]

⑦ 短き(短期) [　　き] ⑧ 旅かん(旅館) [　かん]

⑨ みん族(民族) [みん] ⑩ 新聞紙 [　　　　]

⑪ 終わります [わります] ⑫ さい終(最終) [さい]

2 つぎのぶんしょうの、＿＿＿のよみかたをこたえてください。
다음 문장의 ＿＿＿의 읽기를 답하시오(히라가나로).

① サッカーの知しき(知識)ではだれにもまけません。

② この門の中は私有地なので、入ってはいけません。

③ 暑い夏が終わって秋風がふくようになりました。

④ 先月、高知県に三日間 行ってきました。

⑤ 中国にはたくさんの民族がいます。

⑥ 旅かん(旅館)に行っておんせんにゆっくり入りたいです。

⑦ ひっこしの時は、新聞紙でコップをつつみます。

⑧ 私は短いかみの女の人が好きです。

⑨ 短期間のりゅう学でしたが、色んな事を勉強できてよかったです。

⑩ 今週、私の家で食事会を開こうと思っています。

⑪ 終電は、午前1時に出発します。

⑫ それでは、今日の授業はこれで終わります。

3 つぎの ＿＿＿＿を漢字にしてください。

다음 ＿＿＿＿＿을 한자로 바꾸시오.

① たんき ☐☐　　　② しゅうでん ☐☐

③ たんしょ ☐☐　　　④ りょこう ☐☐

⑤ たびびと ☐☐　　　⑥ かぞく ☐☐

⑦ ようし ☐☐　　　⑧ てがみ ☐☐

⑨ あきたけん ☐☐☐

⑩ しりつだいがく ☐☐☐

⑪ しゅうぶんのひ ☐☐ の ☐

4 つぎのぶんしょうの ＿＿＿＿を、漢字にしてください。

다음 문장의 ＿＿＿＿＿을 한자로 바꾸시오.

① らいげつは、いっしゅうかんのりょこうにいくよていです。

② このようしになまえとじゅうしょをきにゅうしてください。

③ あきたけんにはびじんがおおいといわれています。

④ しごとがおわるのがおそくなってしゅうでんにのれませんでした。

⑤ かれはたんきですぐにおこるからきをつけたほうがいいよ。

⑥ とおくにすんでいるかれしからてがみがとどきました。

⑦ ひとはみな、じんせいのたびびとです。

⑧ しゅうぶんのひには、ひるとよるのながさがほとんどおなじになります。

⑨ わたしのかぞくはいま、とうきょうにすんでいます。

⑩ しりつだいがくにかようためにはたくさんのおかねがかかります。

⑪ かのじょはあさ おきられないのがたんしょだ。

5 れいをみて、つぎのもんだいにこたえてください。

(보기)를 보고 다음 문제에 답하시오.

れい)

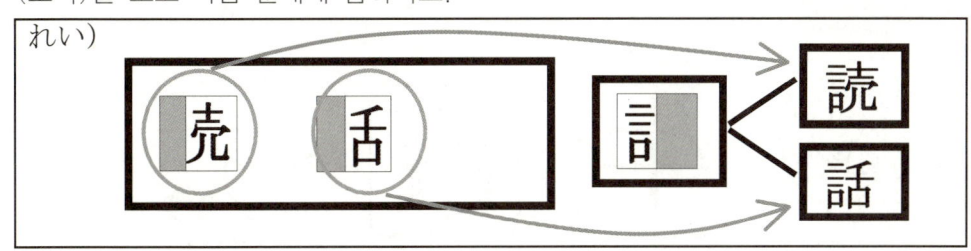

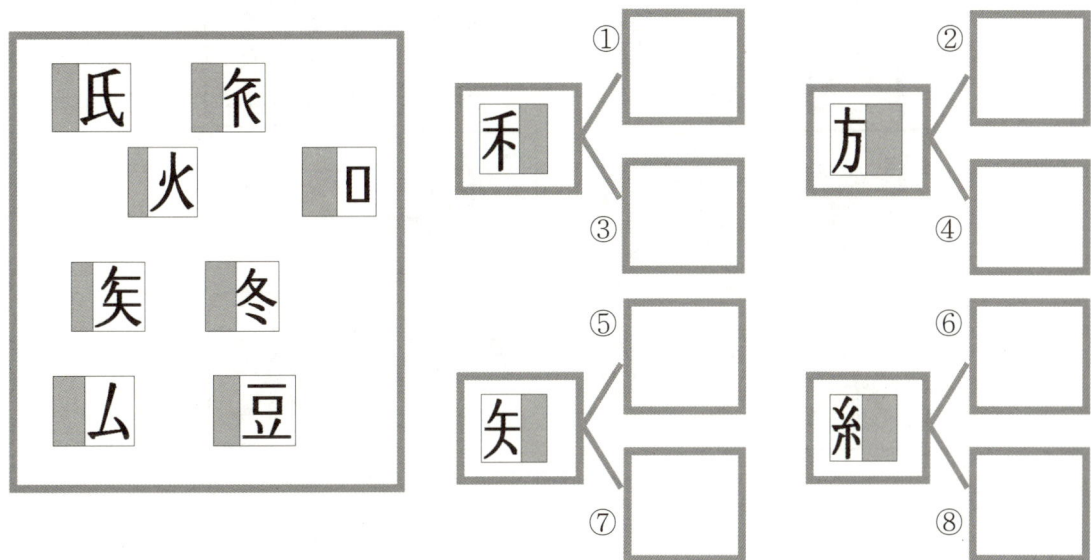

🐰 TOPIC16 ▌日本の有名な新聞▐

日本には、大きな新聞がいくつかあります。少ししょうかいしましょう。

①読売新聞
（よみうりしんぶん）

②朝日新聞
（あさひしんぶん）

③毎日新聞
（まいにちしんぶん）

※①②③(読売・朝日・毎日)は、多くの人が読むので(= たくさん売れる)
日本の三大新聞(さんだいしんぶん)と言われます。

あさ 　朝刊(ちょうかん)
130円くらい

ゆうがた 　夕刊(ゆうかん)
50円くらい

食べもの大好き！
음식 너무 좋아!

字	オン	くん	漢字のことば	
牛	ギュウ	うし	牛乳^{ぎゅう-にゅう*} （우유）	牛肉^{ぎゅう-にく} （쇠고기）
肉	ニク		肉屋^{にく-や} （정육점）	鳥肉^{とり-にく} （닭고기）
菜	サイ		野菜^{や-さい} （야채）	
茶	チャ/サ		お茶^{ちゃ} （차）	茶色^{ちゃ-いろ} （갈색）
飯	ハン	めし	ご飯^{はん} （밥）	夕飯^{ゆう-はん} （저녁밥/석식）
屋	オク	や	屋上^{おく-じょう} （옥상）	部屋^{へ-や*} （방）
海	カイ	うみ	海水^{かい-すい} （해수）	北海道^{ほっ-かい-どう} （홋카이도）
味	ミ	あじ	味方^{み-かた} （자기편/편듦）	味見^{あじ-み} （맛을 봄）

1 STEP UP!

豚肉^{ぶた-にく*} （돼지고기）   焼き肉^{や-にく*} （불고기）   茶道^{さ-どう} （다도）   喫茶店^{きっ-さ-てん*} （다방）

本店^{ほん-や} （서점/책방）   屋台^{や-たい} （포장 마차）   味覚^{み-かく*} （미각）   持ち味^{も あじ*} （제맛/개성）

1 つぎの ＿＿ のよみかたをこたえてください。

다음 ＿＿＿＿ 의 읽기를 답하시오(히라가나로).

① 牛にゅう(牛乳)　[にゅう]　② やき肉(焼き肉)　[やき]

③ 野菜　[ ]　④ お茶　[お]

⑤ きっ茶店(喫茶店)　[きっ]　⑥ 夕飯　[ ]

⑦ 屋台　[ ]　⑧ 屋上　[ ]

⑨ へ屋(部屋)　[へ]　⑩ 海　[ ]

⑪ 味見　[ ]　⑫ 北海道　[ ]

2 つぎのぶんしょうの、＿＿ のよみかたをこたえてください。

다음 문장의 ＿＿＿＿ 의 읽기를 답하시오(히라가나로).

① 食事の後にはお茶が飲みたくなります。

② 屋上から見た町はとてもきれいでした。

③ 家族といっしょにやき肉(焼き肉)を食べに行きました。

④ 朝食はパンと牛にゅう(牛乳)だけでした。

⑤ 食事会の後はきっ茶店(喫茶店)でゆっくりコーヒーを飲みませんか。

⑥ 北海道の食べものはおいしいです。

⑦ けんこうのために、肉だけでなく野菜もしっかり食べましょう。

⑧ 一週間に一回はへ屋(部屋)のそうじをします。

⑨ 今日の夕飯はカレーライスなのでうれしいです。

⑩ 味見をしたらうすかったので、しおを入れました。

⑪ 友だちといっしょに海へおよぎに行きます。

⑫ 屋台で食べたラーメンがおいしかったです。

3 つぎの ＿＿＿ を漢字にしてください。
다음 ＿＿＿＿＿을 한자로 바꾸시오.

① うし 　［　　　　］　　② めし 　［　　　　］

③ にくや 　［　　　｜　　　］　　④ やさい 　［　　　｜　　　］

⑤ ちゃいろ 　［　　　｜　　　］　　⑥ さどう 　［　　　｜　　　］

⑦ ごはん 　［ ご ｜　　　］　　⑧ おくじょう 　［　　　｜　　　］

⑨ ほんや 　［　　　｜　　　］　　⑩ かいすい 　［　　　｜　　　］

⑪ みかた 　［　　　｜　　　］　　⑫ もちあじ 　［　　　｜ ち ｜　　　］

4 つぎのぶんしょうの ＿＿＿ を、漢字にしてください。
다음 문장의 ＿＿＿＿＿을 한자로 바꾸시오.

① このりょうりにはやさいがたくさんはいっています。

② あのほんやのなかにはカフェがあります。

③ おおきなほんやさんにはたくさんほんがあります。

④ あのひとは、あまりたくさんごはんをたべません。

⑤ いもうとはイタリアりょうりのことをイタめしといいます。

⑥ にくやさんにおにくをかいにいきます。

⑦ かいすいはなめるとしょっぱいです。

⑧ げんきがいいのがかれのもちあじです。

⑨ ほっかいどうにはうしがたくさんいます。

⑩ おくじょうできゅうけいしましょう。

⑪ わたしはいつまでもあなたのみかたです。

⑫ のむらさんのしゅみはさどうです。

5 れいをみて、つぎのもんだいにこたえてください。

(보기)를 보고 다음 문제에 답하시오.

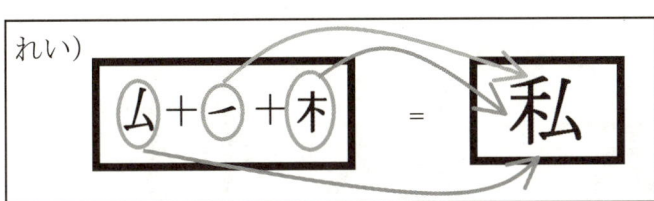

れい) 　　厶 ＋ 一 ＋ 木 　＝ 私

⼇ ＋ 十	①	
罒 ＋ 艹 ＋ 木	②	
未 ＋ 口	③	
食 ＋ 又 ＋ 厂	④	
冂 ＋ 㐅	⑤	
⼇ ＋ 氵 ＋ 毋	⑥	
入 ＋ 木 ＋ 艹	⑦	
丢 ＋ 土 ＋ 尸	⑧	

TOPIC17 ── ▌日本の有名な肉料理▐

日本の有名な肉料理。おいしいですよ~!!

「すきやき」　「とんかつ」　「しゃぶしゃぶ」　「やきとり」

一画わすれないで！
1획 잊지 마!

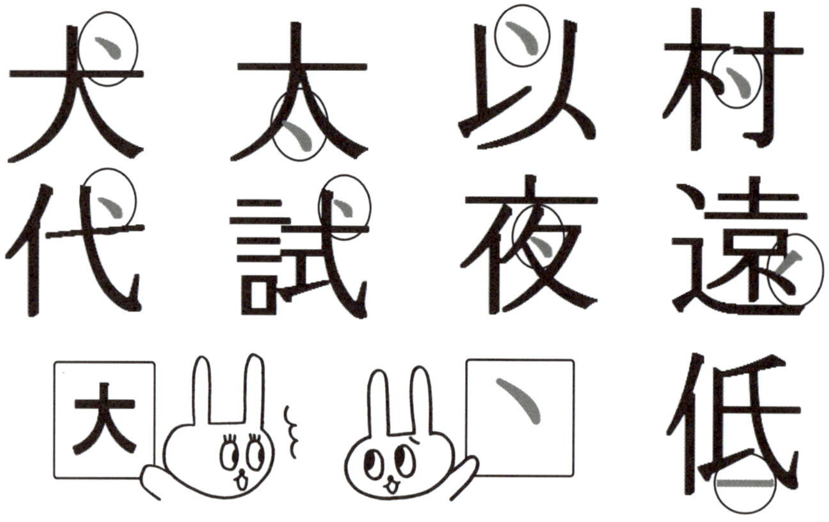

犬 太 以 村
代 試 夜 遠
低

大 〜 ＼

字	オン	くん	漢字のことば	
犬	ケン	いぬ	子犬 （강아지）	
太	タイ	ふと-い ふと-ります	明太子 （명란）	
以	イ		以外 （이외）	以前 （이전）
村	ソン	むら	村長 （촌장）	山村 （산촌）
代	ダイ	か-わります か-えます	代金 （대금）	代表* （대표）
試	シ	こころ-みます ため-します	入試 （입시）	試験 （시험）
夜	や	よる/よ	夜食 （야식）	今夜 （오늘 밤）
遠	エン	とお-い	遠出 （멀리 나감/원행）	遠足 （소풍）
低	テイ	ひく-い	低音 （저온）	低下 （저하）

1 STEP UP!

以上 （이상）　　　以下 （이하）　　　食事代 （식사）　　　試合 （시합）

夜ふかし （밤샘）　　遠慮* （사양）　　低学年 （저학년）

1 つぎの ＿＿＿＿ のよみかたをこたえてください。

다음 ＿＿＿＿의 읽기를 답하시오(히라가나로).

① 代わります 〔 わります 〕 ② 試みます 〔 みます 〕

③ 明太子 〔 　　　　　 〕 ④ 夜 〔 　　　　　 〕

⑤ 以外 〔 　　　　　 〕 ⑥ 村長 〔 　　　　　 〕

⑦ 代ひょう(代表) 〔 ひょう 〕 ⑧ 試けん(試験) 〔 けん 〕

⑨ 犬 〔 　　　　　 〕 ⑩ 夜ふかし 〔 ふかし 〕

⑪ 遠りょ(遠慮) 〔 りょ 〕 ⑫ 低学年 〔 　　　　　 〕

2 つぎのぶんしょうの、 ＿＿＿＿ のよみかたをこたえてください。

다음 문장의 ＿＿＿＿의 읽기를 답하시오(히라가나로).

① はかた(하카타)に行ったら明太子を買ってきてほしいな。

② ここでたばこをすうのはご遠りょ(遠慮)下さい。

③ 今日のアルバイトは夜7時からです。

④ すしは、日本の代表てきなりょう理(料理)です。

⑤ 新しいほうほうを試みたけどしっぱいしてしまった。

⑥ 新しい村長はとてもいい人です。

⑦ 私の弟はまだ低学年です。

⑧ きまったばしょ以外では、たばこをすってはいけません。

⑨ 今夜の仕事、代わってもらえませんか。

⑩ 近所の人から、犬をもらいました。

⑪ 明日は日本語会話の試けん(試験)があります。

⑫ きのう、夜ふかししたので今日は頭がいたいです。

3 つぎの ＿＿＿ を漢字にしてください。

다음 ＿＿＿＿＿ 을 한자로 바꾸시오.

① ふとい 　 ［　　　｜ い ］ 　 ② むら 　 ［　　　　］

③ とおい 　 ［　　　｜ い ］ 　 ④ ひくい 　 ［　　　｜ い ］

⑤ こいぬ 　 ［　　　　］ 　 ⑥ ためします 　 ［　　　｜します］

⑦ いじょう 　 ［　　　　］ 　 ⑧ いぜん 　 ［　　　　］

⑨ だいきん 　 ［　　　　］ 　 ⑩ にゅうし 　 ［　　　　］

⑪ こんや 　 ［　　　　］ 　 ⑫ えんそく 　 ［　　　　］

⑬ ていか 　 ［　　　　］ 　 ⑭ さんそん 　 ［　　　　］

4 つぎのぶんしょうの ＿＿＿ を、漢字にしてください。

다음 문장의 ＿＿＿＿＿ 을 한자로 바꾸시오.

① しょくじのだいきんは、わたしがはらいます。

② つぎのえんそくはとおくのやまにのぼります。

③ さいきん、あしがふとくなってきました。

④ サイズがあうかどうかためしてからかいました。

⑤ ごごからきおんがていかして、ゆきになります。

⑥ たいふうのよるはあまりいえからでません。

⑦ わたしのちちは、ちいさいころさんそんでそだちました。

⑧ いぜんはとてもちいさかったこいぬが、いまではとてもおおきくなりました。

⑨ だいがくにゅうしのてんすうがとてもひくかったので、おちこんでいます。

⑩ しけんのてんすうが80てんいじょうだと、ごうかくです。

⑪ おなじむらのたなかさんがゆうめいになりました。

5 れいをみて、つぎのもんだいにこたえてください。

(보기)를 보고 다음 문제에 답하시오.

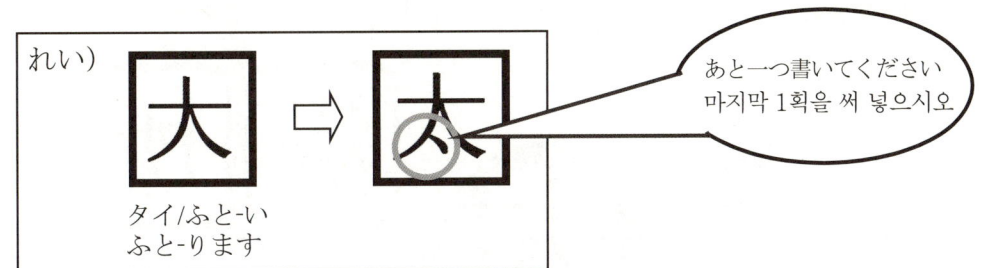

れい)

大 ⇒ 太

あと一つ書いてください
마지막 1획을 써 넣으시오

タイ/ふと-い
ふと-ります

①イ

②ダイ/か-わります
　か-えます

③エン/とお-い

④シ/ため-します
　こころ-みます

⑤テイ/ひく-い

⑥ケン/いぬ

⑦ソン/むら

⑧ヤ/よる、よ

🐰 **TOPIC 18** ┃**パソコンの字 / 手書きの字**┃

さいきんは、パソコン（ＰＣ）が便利（べんり）ですが、
パソコンの文字と、**手で書く文字**は、少しちがいます。気をつけて下さい。

れい)

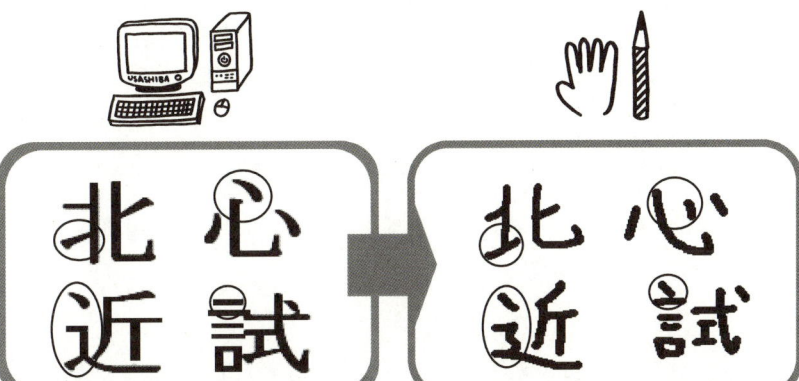

まとめておぼえたい 漢字①
묶어서 외우면 좋은 한자①

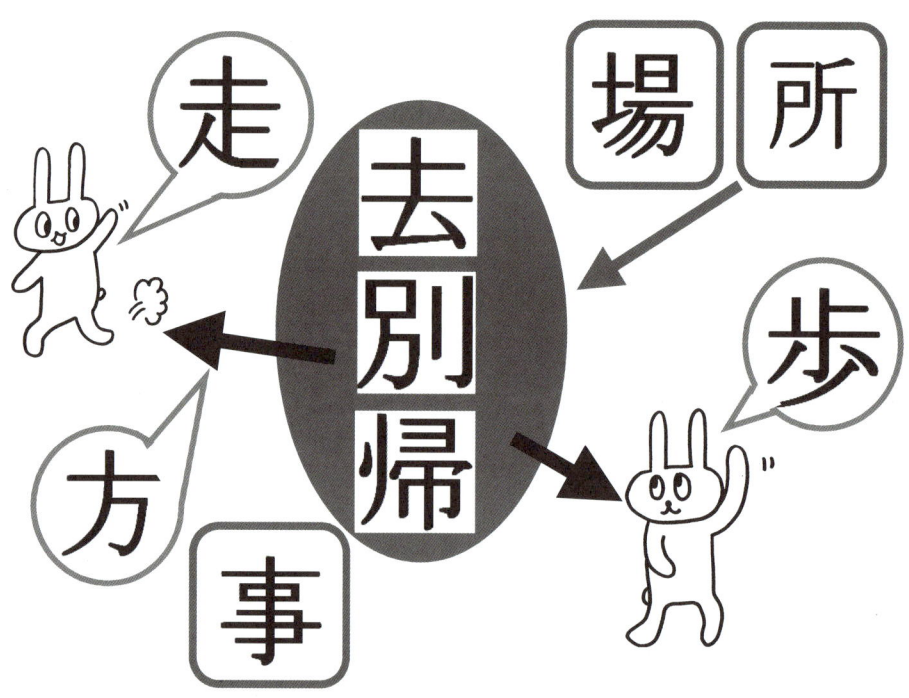

字	オン	くん	漢字のことば	
方	ホウ/ポウ	かた	ほう-こう* 方向 （방향）	ほう-げん 方言 （방언/사투리）
去	キョ/コ	さ-ります	きょ-ねん 去年 （작년）	か-こ* 過去 （과거）
走	ソウ	はし-ります	そう-しゃ 走者 （주자）	とう-そう* 逃走 （도주）
歩	ホ/-ポ	ある-きます	ほ-こう 歩行 （보행）	ほ-どう* 歩道 （보도）
事	ジ	こと/-ごと	だい-じ 大事 （소중）	し-ごと 仕事 （일）
場	ジョウ	ば	こう-じょう 工場 （공장）	ば-しょ 場所 （장소）
所	ショ/ジョ	ところ	じゅう-しょ 住所 （주소）	しょ-ゆう 所有 （소유）
別	ベツ	わか-れます	べつ-じん 別人 （딴사람/별사람）	さ-べつ* 差別 （차별）
帰	キ	かえ-ります	き-こく 帰国 （귀국）	かえ みち 帰り道 （귀로/돌아가는 길）

1 STEP UP!

ほう-ほう* 方法 （방법）　　いっ-ぽう 一方 （일방/한쪽）　　よ かた 読み方 （읽기/읽는법）　　さん-ぽ* 散歩 （산책）

じん-じ 人事 （인사）　　じ-む-しつ* 事務室 （사무실）　　ば-あい 場合 （경우/때）　　き-たく* 帰宅 （귀가）

1 つぎの ＿＿＿ のよみかたをこたえてください。

다음 ＿＿＿＿の 읽기를 답하시오(히라가나로).

① 去ります [　　　　　　ります] ② 走者 [　　　　　　　　]

③ 方言 [　　　　　　　　] ④ か去(過去) [か　　　　　　]

⑤ 歩道 [　　　　　　　　] ⑥ さん歩(散歩) [さん　　　　]

⑦ 大事 [　　　　　　　　] ⑧ 仕事 [　　　　　　　　]

⑨ 工場 [　　　　　　　　] ⑩ 帰たく(帰宅) [　　　たく]

⑪ 場所 [　　　　　　　　] ⑫ さ別(差別) [さ　　　　　]

2 つぎのぶんしょうの、＿＿＿ のよみかたをこたえてください。

다음 문장의 ＿＿＿＿의 읽기를 답하시오(히라가나로).

① 近所の工場のけむりで空気がよごれています。

② か去(過去)より今が大切です。

③ 歩道を歩いていると、むこうから木村さんが来ました。

④ 毎日、夜の9時には帰たく(帰宅)しています。

⑤ 仕事が終わった後のシャワーはとても気持ちいいです。

⑥ つぎの走者が来たら私の出ばんです。

⑦ かのじょはおこって去っていきました。

⑧ 青森県の方言は何を言っているのかぜんぜん分かりません。

⑨ 田中さんは、かのじょをとても大事にしていました。

⑩ 世界にはいろいろなさ別(差別)問題があります。

⑪ 今日はちがう道をさん歩(散歩)してみようかな。

⑫ 気がついたらぜんぜん知らない場所に来てしまいました。

3 つぎの ＿＿＿ を漢字にしてください。

다음 ＿＿＿＿＿ 을 한자로 바꾸시오.

① さります   [| ります]   ② はしります   [| ります]

③ あるきます   [| きます]   ④ ところ   [   ]

⑤ わかれます   [| れます]   ⑥ かえります   [| ります]

⑦ いっぽう   [   ]   ⑧ きょねん   [   ]

⑨ ほこう   [   ]   ⑩ じんじ   [   ]

⑪ ばあい   [   ]   ⑫ しょゆう   [   ]

⑬ べつじん   [   ]   ⑭ きこく   [   ]

4 つぎのぶんしょうの ＿＿＿ を、漢字にしてください。

다음 문장의 ＿＿＿＿＿ 을 한자로 바꾸시오.

① らいげつ、きこくするよていです。

② くらいところでほんをよむと、めがわるくなります。

③ あした あめがふったばあい、えんそくはちゅうしです。

④ ほこうちゅうは、たばこをすってはいけません。

⑤ きょねんのいまごろは、とてもさむかったですが、ことしはそうでもないですね。

⑥ じんじのしごとは、とてもだいじなしごとです。

⑦ まいあさ10kmはしります。

⑧ こんかいはいっぽうてきなしあいになりました。

⑨ かなしみは、じかんとともにさります。

⑩ そのでんわのしょゆうしゃは、まったくのべつじんです。

⑪ ことしのしょうがつ、いえにかえるつもりです。

5 れいをみて、つぎのもんだいに こたえてください。
(보기)를 보고 다음 문제에 답하시오.

れい)

| 試 | 験 |
| 入 | 試 |

→ 試

| | 国 |
| | 宅 |

→ ① [ ]

| | 向 |
| 一 | |

→ ② [ ]

| | 住 |
| | 有 |

→ ③ [ ]

| | 人 |
| 差 | |

→ ④ [ ]

人	
仕	
大	

→ ⑤ [ ]

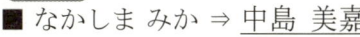

TOPIC19 ──── ┃あの人の名前の漢字は？①┃

有名なあの人の名前は、漢字でどう書くのでしょうか？（げいのう人/연예인）

男

- やました ともひさ ⇒ 山下 智久
  （山P・ヤマピー）

- きむら たくや ⇒⇒⇒ 木村 拓哉
  （キムタク）

- つまぶき さとし ⇒⇒ 妻夫木 聡

女

- なかしま みか ⇒ 中島 美嘉

- あおい ゆう ⇒⇒ 蒼井 優

- うただ ひかる ⇒ 宇多田 ヒカル

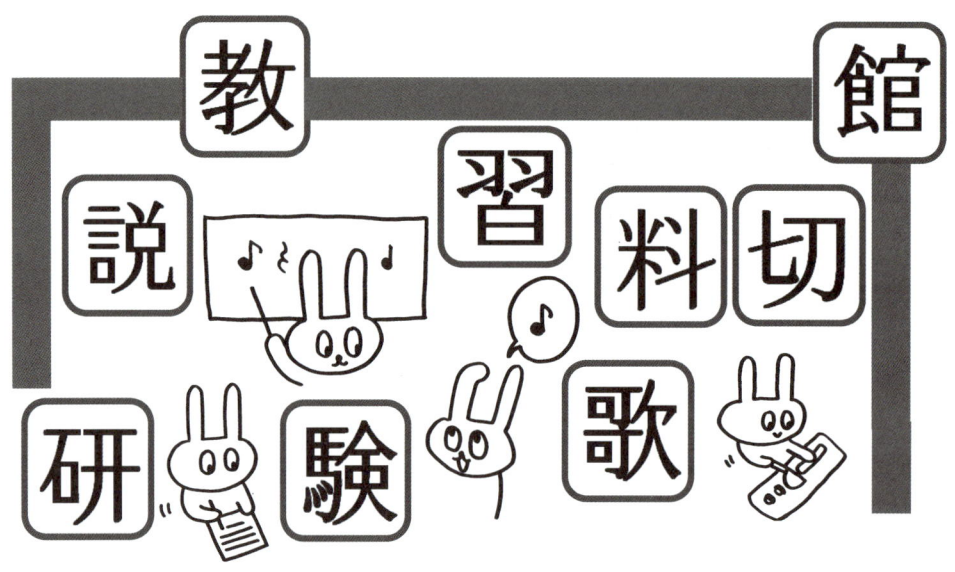

字	オン	くん	漢字のことば	
切	セツ	き-ります き-れます/きっ-	親切（친절） <small>しん-せつ</small>	切手（우표） <small>きっ-て</small>
験	ケン		試験（시험） <small>し-けん</small>	体験（체험） <small>たい-けん</small>
習	シュウ	なら-います	学習（학습） <small>がく-しゅう</small>	自習（자습） <small>じ-しゅう</small>
教	キョウ	おし-えます おそ-わります	教室（교실） <small>きょう-しつ</small>	説教（설교） <small>せっ-きょう</small>
研	ケン		研究（연구） <small>けん-きゅう</small>	研修（연수）* <small>けん-しゅう</small>
説	セツ		説明（설명） <small>せつ-めい</small>	小説（소설） <small>しょう-せつ</small>
歌	カ	うた うた-います	歌手（가수） <small>か-しゅ</small>	国歌（국가） <small>こっ-か</small>
料	リョウ		料金（요금） <small>りょう-きん</small>	料理（요리） <small>りょう-り</small>
館	カン		旅館（여관） <small>りょ-かん</small>	図書館（도서관） <small>と-しょ-かん</small>

1 STEP UP!

実験（실험）*　　経験（경험）*　　実習（실습）*　　習慣（습관）*
<small>じっ-けん</small>　　<small>けい-けん</small>　　<small>じっ-しゅう</small>　　<small>しゅう-かん</small>

教育（교육）*　　教科書（교과서）*　　解説（해설）　　送料（송료）
<small>きょう-いく</small>　　<small>きょう-か-しょ</small>　　<small>かい-せつ</small>　　<small>そう-りょう</small>

1 つぎの ＿＿＿ のよみかたをこたえてください。

다음 ＿＿＿＿의 읽기를 답하시오(히라가나로).

① 習います | います | ② 歌 | |

③ 親切 | | ④ 試験 | |

⑤ けい験（経験） | けい | ⑥ 習かん（習慣） | かん |

⑦ 教か書（教科書） | か | ⑧ 研しゅう（研修） | しゅう |

⑨ かい説（解説） | かい | ⑩ 国歌 | |

⑪ 料理 | | ⑫ 図書館 | |

2 つぎのぶんしょうの、＿＿＿ のよみかたをこたえてください。

다음 문장의 ＿＿＿＿의 읽기를 답하시오(히라가나로).

① 来月の12日に、大事な試験があります。

② サッカーの試合が終わった後は、国歌を歌います

③ 先生のかい説（解説）はむずかしくてよく分かりません。

④ 旅行先でとても親切なおじいさんに会いました。

⑤ 教か書（教科書）を家にわすれてきてしまいました。

⑥ 研しゅう（研修）の間、分からない事は何でも聞いてください。

⑦ 今、日本語の歌を習っています。

⑧ 学生の時のけい験（経験）が仕事にやくにたちました。

⑨ 料理を作ったことがないので、母といっしょ作ります。

⑩ 図書館で勉強する習かん（習慣）があります。

⑪ 歌の試験で日本の歌を歌いました。

⑫ 大学生の時、親切な先ぱいにお世話になりました。

3 つぎの ＿＿＿ を漢字にしてください。

다음 ＿＿＿＿＿을 한자로 바꾸시오.

① きります | | りります
② ならいます | | います
③ おしえます | | えます
④ うたいます | | います
⑤ きって | |
⑥ たいけん | |
⑦ じしゅう | |
⑧ きょうしつ | |
⑨ けんきゅう | |
⑩ しょうせつ | |
⑪ かしゅ | |
⑫ りょうきん | |
⑬ りょかん | |

4 つぎのぶんしょうの ＿＿＿ を、漢字にしてください。

다음 문장의 ＿＿＿＿＿을 한자로 바꾸시오.

① さいきん、おとうとにサッカーをおしえています。

② ひらがなとカタカナは、じしゅうしてください。

③ ガスのりょうきんをはらっていなかったので、ガスをとめられました。

④ りょかんのりょうりがおいしかったです。

⑤ きょうとのおてらでにほんぶんかをたいけんしました。

⑥ わたしはしゅみできってをあつめています。

⑦ あいてのきもちをかんがえてはなしましょう。

⑧ ながいしょうせつでしたが、おもしろかったのでいちにちでよんでしまいました。

⑨ けんきゅうにはたくさんのおかねがかかります。

⑩ きょうしつではおおごえをだしてはいけません。

⑪ かしゅのひとにうたをならっています。

5 れいをみて、つぎのもんだいにこたえてください。

(보기)를 보고 다음 문제에 답하시오.

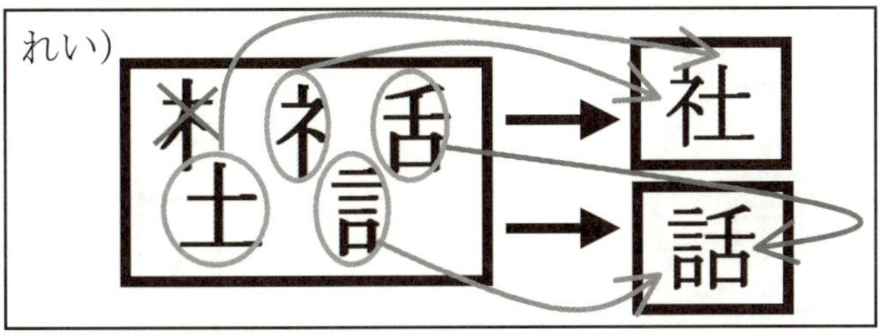
れい)
木
ネ
舌
土
言
社
話

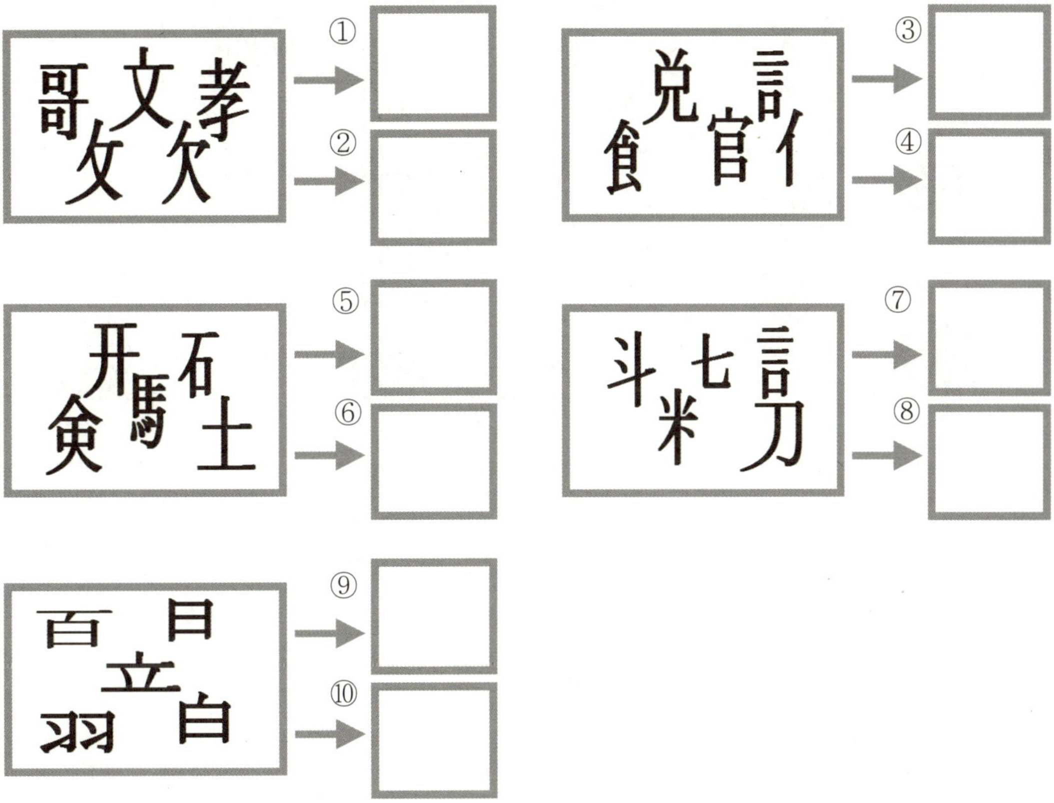
哥 文 孝 攵 欠
① ②
兑 言 食 官 亻
③ ④
开 石 食 馬 土
⑤ ⑥
斗 七 言 米 刀
⑦ ⑧
百 目 立 羽 白
⑨ ⑩

TOPIC20 あの人の名前の漢字は？②

有名なあの人の名前は、漢字でどう書くのでしょうか？(小説家/소설가)

■えくに かおり ⇒⇒ 江國 香織　※「國」は、少し特別な漢字です。
■むらかみ りゅう ⇒ 村上 龍
■むらかみ はるき ⇒ 村上 春樹
■よしもと ばなな ⇒ 吉本 ばなな

あなたは、どの小説家が
すきですか？？

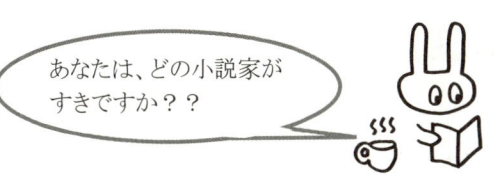

字	オン	くん	漢字のことば	
市	シ	いち	都市（도시）	名古屋市（나고야 시）
民	ミン		民間（민간）	国民（국민）
心	シン	こころ	安心（안심）	中心（중심）
青	セイ	あおーい/あお	青春（청춘）	青空（창공）
銀	ギン		銀行（은행）	銀色（은색）
色	ショク	いろ	三色（삼색）	青色（파란 색）
死	シ	しーにます	生死（생사）	必死（필사）
服	フク		洋服（양복）	私服（사복）
物	ブツ/モツ	もの	動物（동물）	着物（옷/기모노）

`1 STEP UP!`

市場（시장）　市民（시민）　民族（민족）　心配*（걱정）　銀座*（긴자）

死亡*（사망）　死者（사자）　制服（제복）　見物（구경）　荷物*（짐）

1 つぎの ＿＿ のよみかたをこたえてください。

다음 ＿＿＿의 읽기를 답하시오(히라가나로).

① 名古屋市 [　　　　　] ② 市場 [　　　　　]

③ 民間 [　　　　　] ④ 安心 [　　　　　]

⑤ 青春 [　　　　　] ⑥ 銀色 [　　　　　]

⑦ 三色 [　　　　　] ⑧ 必死 [　　　　　]

⑨ 洋服 [　　　　　] ⑩ 動物 [　　　　　]

⑪ に物(荷物) [に　　　　] ⑫ 着物 [　　　　　]

2 つぎのぶんしょうの、＿＿＿ のよみかたをこたえてください。

다음 문장의 ＿＿＿의 읽기를 답하시오(히라가나로).

① 明日の試験は、しっかりじゅんびしたので安心です。

② 民間の会社で新しい薬の研究が行われています。

③ 新しい洋服を買いました。

④ 大学に入るために、必死で勉強しました。

⑤ 赤と青と白の三色でえをかきます。

⑥ 木村さんは動物が大好きです。

⑦ 地元の友人からに物(荷物)がとどきました。

⑧ 母から着物をもらいました。

⑨ 韓国のおはしは銀色です。

⑩ 名古屋市はあい知県にあります。

⑪ 人にはそれぞれちがった青春があります。

⑫ 市場では色んな魚や野菜が売られています。

3 つぎの＿＿を漢字にしてください。
다음 ＿＿＿＿＿을 한자로 바꾸시오.

① こころ ☐　　　　② あおい ☐ い

③ いろ ☐　　　　④ しにます ☐ にます

⑤ とし ☐☐　　　　⑥ しみん ☐☐

⑦ ちゅうしん ☐☐　　　　⑧ ぎんこう ☐☐

⑨ せいし ☐☐　　　　⑩ しふく ☐☐

⑪ けんぶつ ☐☐　　　　⑫ きもの ☐☐

4 つぎのぶんしょうの＿＿を、漢字にしてください。
다음 문장의 ＿＿＿＿＿을 한자로 바꾸시오.

① かれはクラスのちゅうしんてきなじんぶつです。

② やまなかさんはあおいくるまにのっています。

③ しふくでかよえるがっこうにいきたいです。

④ がいこくじんのともだちにきものをプレゼントしました

⑤ しみんのあんぜんをまもるのがけいさつのしごとです。

⑥ ひとのせいしはおおきなもんだいです。

⑦ おおきなじしんのときには、たくさんのひとがしにました。

⑧ かれはこころがひろいです。

⑨ いろんないろのたてものがあります。

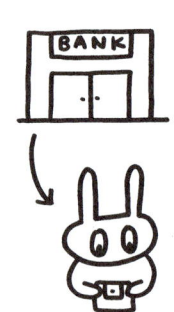

⑩ ぎんこうにいっておかねをおろしてきます。

⑪ とうきょうやおおさかなどのとしにはたくさんのひとがすんでいます。

⑫ にほんにいったらたくさんのまちをけんぶつしたいです。

5 れいをみて、つぎのもんだいにこたえてください。

(보기)를 보고 다음 문제에 답하시오.

正しい 漢字になおして 下さい。
한자를 맞게 고치시오.

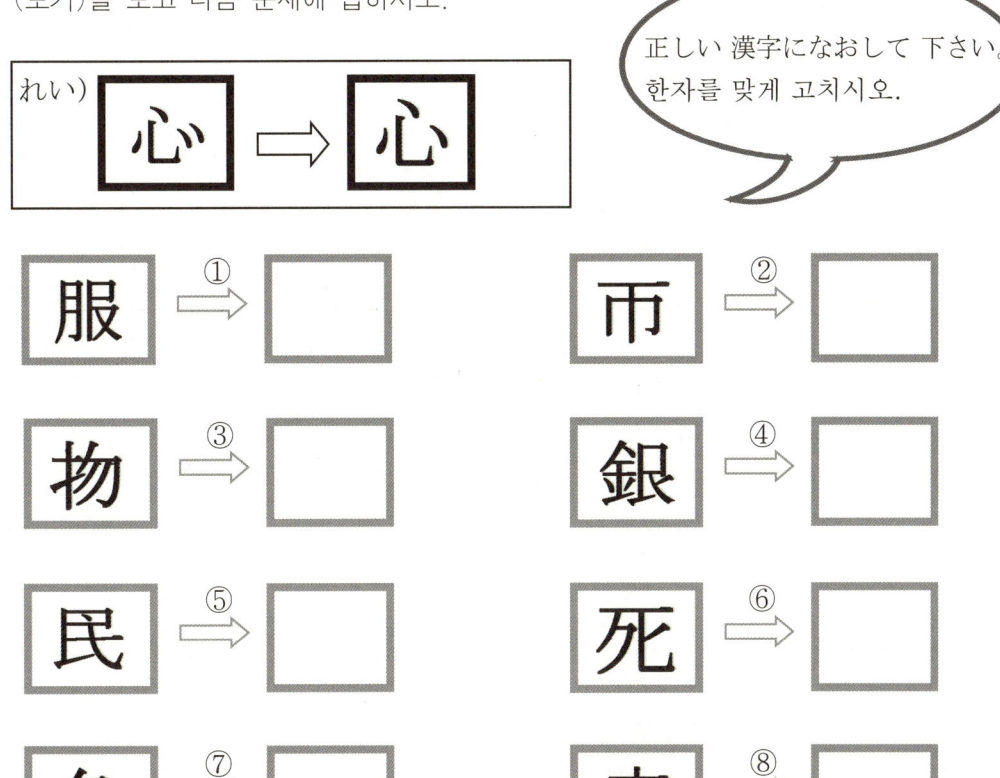

れい) 心 ⇒ 心

服 ①① □   币 ② □

扬 ③ □   銀 ④ □

民 ⑤ □   死 ⑥ □

色 ⑦ □   青 ⑧ □

🐰 TOPIC 21 ── ▌韓国語・日本語 動物の名前▐

いろいろな動物の名前。日本語では何と言うでしょう?

豚
돼지
ぶた

熊
곰
くま

像
코끼리
ぞう

馬
말
うま

麒麟
기린
きりん

兎
토끼
うさぎ

さようなら

PART 2 ふくしゅうテスト 복습테스트

1 つぎの ①~⑥の読み方を答えて下さい。(1点×6＝6点)

다음 ①~⑥의 읽기를 답하시오(히라가나로).

① 研究	② 市民	③ 音楽	④ 洋服	⑤ 帰国	⑥ 青色
①	②	③	④	⑤	⑥

2 つぎの ①~⑥を漢字にして下さい。(1点×6＝6点)

다음 ①~⑥을 한자로 바꾸시오.

①しんりん	②ぎゅうにく	③べつじん	④せつめい	⑤さんぎょう	⑥やくひん
①	②	③	④	⑤	⑥

3 つぎのぶんしょうの ＿＿＿＿の読み方を答えてください。(2点×24＝48点)

다음 문장의 ＿＿＿＿의 읽기를 답하시오(히라가나로).

① 通学の時は、よく近所の広場を通ります。
② この病院の待合室には、料理と出産の本がたくさんおいてあります。
③ この旅館はご飯がおいしいし、きれいな池があるので何度も来てしまいます。
④ 来週は試験なので教室で漢字の勉強をします。
⑤ 毎日、朝と夜に犬のさん歩(散歩)をしているうちに体力がついてきました。
⑥ 私の知人に有名な歌手がいます。

①			
②			
③			
④			
⑤			
⑥			

4 つぎの ☐ に入る漢字を書いて下さい。
다음의 ☐ 에 들어갈 한자를 써 주시오.

(A) 漢字しりとり (2点×12=24点)

れい)

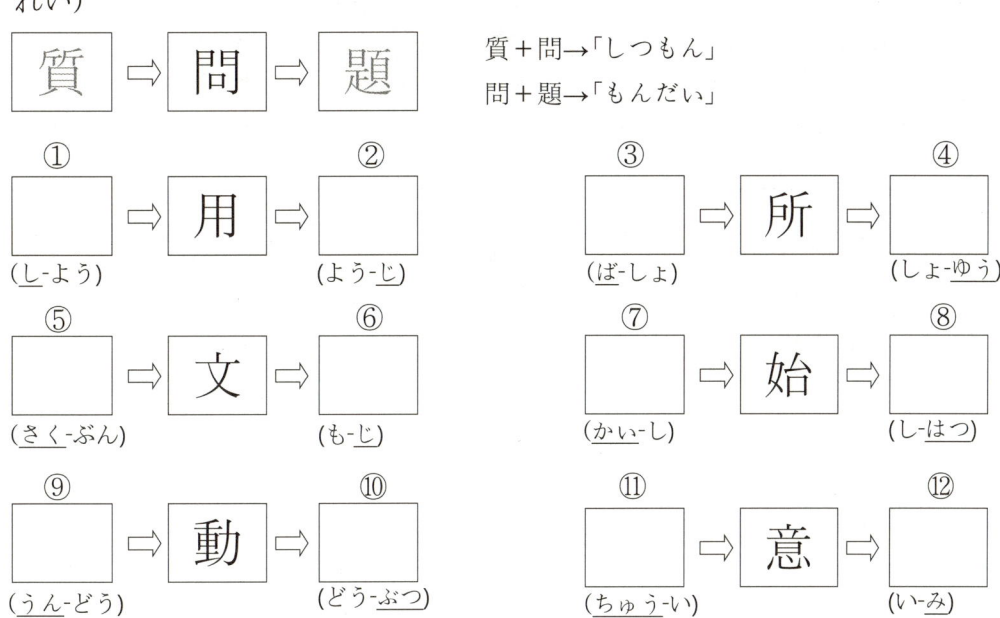

質 ⇒ 問 ⇒ 題

質＋問→「しつもん」
問＋題→「もんだい」

① ☐ ⇒ 用 ⇒ ② ☐
　(し-よう)　　　　(よう-じ)

③ ☐ ⇒ 所 ⇒ ④ ☐
　(ば-しょ)　　　　(しょ-ゆう)

⑤ ☐ ⇒ 文 ⇒ ⑥ ☐
　(さく-ぶん)　　　　(も-じ)

⑦ ☐ ⇒ 始 ⇒ ⑧ ☐
　(かい-し)　　　　(し-はつ)

⑨ ☐ ⇒ 動 ⇒ ⑩ ☐
　(うん-どう)　　　　(どう-ぶつ)

⑪ ☐ ⇒ 意 ⇒ ⑫ ☐
　(ちゅう-い)　　　　(い-み)

(B) 同じ読み方の漢字 (2点×8=16点)

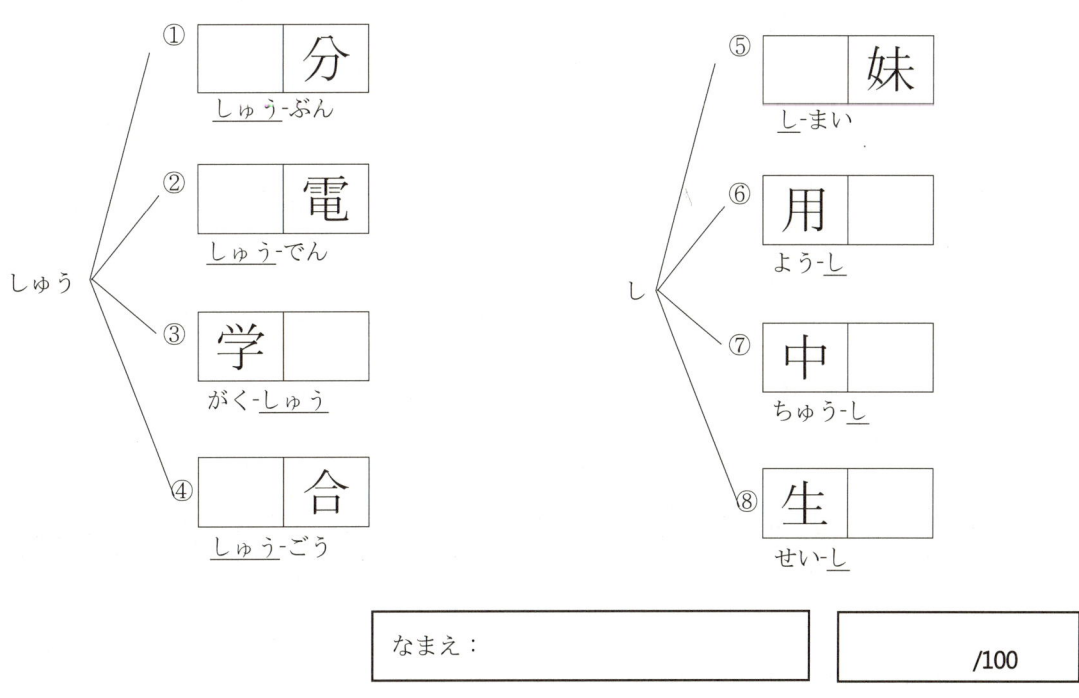

しゅう —
① ☐ 分　しゅう-ぶん
② ☐ 電　しゅう-でん
③ 学 ☐　がく-しゅう
④ ☐ 合　しゅう-ごう

し —
⑤ ☐ 妹　し-まい
⑥ 用 ☐　よう-し
⑦ 中 ☐　ちゅう-し
⑧ 生 ☐　せい-し

なまえ：

/100

■N5漢字 実力テスト N5한자 실력 테스트 ■

1 つぎのかんじのよみかたをこたえてください。(1点×18＝18点)

① 国語　② 読書　③ 電車　④ 今年　⑤ 買う　⑥ 見る
⑦ 天気　⑧ 新聞　⑨ 休日　⑩ 会社　⑪ 学校　⑫ 父母
⑬ 空　⑭ 半分　⑮ 時間　⑯ 手足　⑰ 高い　⑱ 長い

①	②	③	④
⑤	⑥	⑦	⑧
⑨	⑩	⑪	⑫
⑬	⑭	⑮	⑯
⑰	⑱		

2 つぎのひらがなを、かんじにしてください。(2点×16＝32点)

① せんせい　② えきめい　③ やすい　④ いんしょくてん
⑤ らいねん　⑥ だんじょ　⑦ なんぼん　⑧ じょうず
⑨ がいじん　⑩ まいしゅう　⑪ たつ　⑫ さかな
⑬ はな　⑭ しろい　⑮ ごご　⑯ みみ

①	②	③	④
⑤	⑥	⑦	⑧
⑨	⑩	⑪	⑫
⑬	⑭	⑮	⑯

3 つぎの①～⑭にはいるかんじをこたえてください。(1点×14＝14点)

〔A〕

월요일	화요일	수요일	목요일	금요일	토요일	일요일
① ようび	② ようび	③ ようび	④ ようび	⑤ ようび	⑥ ようび	⑦ ようび

〔B〕					〔C〕		
동	서	남	북		눈	귀	입
⑧	⑨	⑩	⑪		⑫	⑬	⑭

4 つぎの ＿＿＿ にきょうつうしてはいるかんじを ☐ からえらんでください。

(1点×4＝4点)

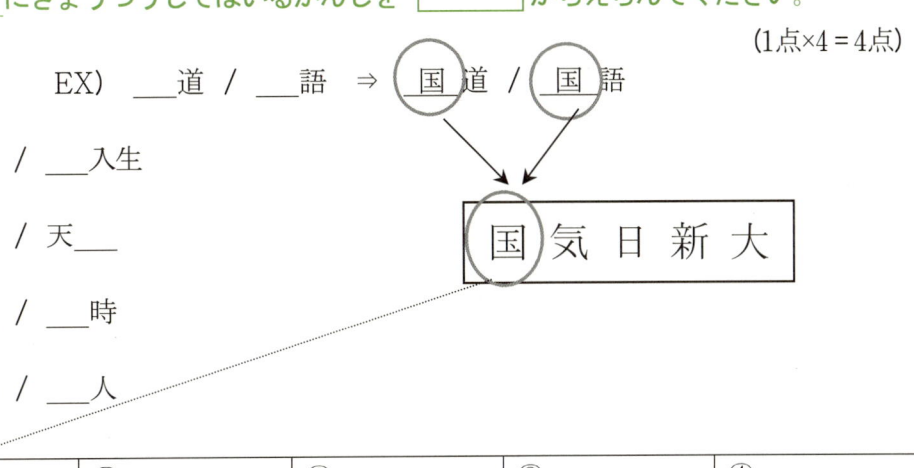

EX) ＿＿道 / ＿＿語 ⇒ 国道 / 国語

① ＿＿聞 / ＿＿入生

② ＿＿分 / 天＿＿

③ 毎＿＿ / ＿＿時

④ ＿＿雨 / ＿＿人

国 気 日 新 大

EX) 国	①	②	③	④

5 つぎのぶんしょうの ＿＿＿ を、かんじにしてください。(2点×10＝20点)

あした、①ごじよんじゅっぷんに、②えきの③まえで、まちあわせをしましょう。
みんなで ごはんを④たべに⑤いくよていなので、⑥いちまんえん もってきてね。
⑦やまかわさんとその⑧ともだちも⑨くるらしいよ。うまく⑩はなしができるかな？

①	②	③	④	⑤
⑥	⑦	⑧	⑨	⑩

6 つぎのかんじの、はんたいのことばをこたえてください。(2点×6＝12点)

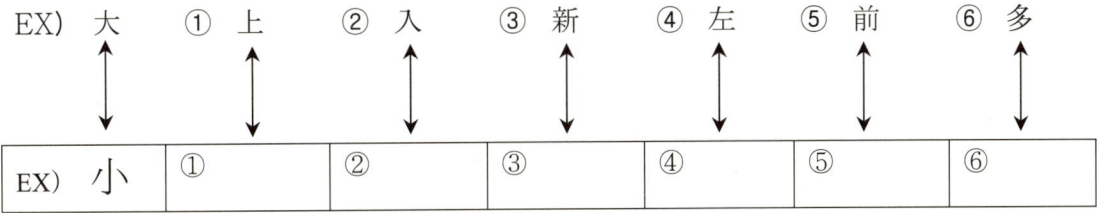

EX) 大　① 上　② 入　③ 新　④ 左　⑤ 前　⑥ 多

EX) 小	①	②	③	④	⑤	⑥

なまえ：	/100

■ 練習問題答 연습문제 답안 ■

warming up（P14）

1　① じゅぎょう　② せんせい　③ きょうかしょ　④ べんきょう

　　⑤ こくばん　⑥ きょうしつ　⑦ がくせい　⑧ かんこくじん

　　⑨ しゅっせき　⑩ しけん　⑪ せいせき　⑫ たんい

　　⑬ ちゅうかんしけん　⑭ きまつしけん　⑮ せんもん　⑯ はっぴょう

　　⑰ しゅくだい　⑱ きゅうこう　⑲ がっき　⑳ そつぎょう

Lesson 1（P16）

1　① こう[じ]　② く[ふう]　③ こう[ぎょう]　④ かりょく

　　⑤ ゆうがた　⑥ すいでん　⑦ いっかい　⑧ [ち]ず

　　⑨ としょ[かん]　⑩ ひん[しつ]　⑪ ちから　⑫ [しょう]ひん

2　① わたしの<u>がっこう</u>は、<u>いま</u>、<u>こうじちゅう</u>です。

　　　우리 학교는 지금 공사중 입니다.

　　② ブサンの<u>ちず</u>は、ありますか？

　　　부산 지도는 있습니까?

　　③ SONYの<u>でんきせいひん</u>は、<u>ひんしつ</u>がいいです。

　　　SONY 전기제품은 품질이 좋습니다.

　　④ <u>まいにち</u>、かれしと<u>としょかん</u>に<u>い</u>きます。

　　　매일, 그이와 함께 도서관에 갑니다.

　　⑤ <u>いちにち</u>に<u>いっかい</u>、<u>はは</u>に<u>でんわ</u>をします。

　　　하루에 한번 엄마에게 전화를 합니다.

　　⑥ <u>きょう</u>は、<u>ゆうがた</u>まで<u>じゅぎょう</u>があって、とてもつかれました。

　　　오늘은 저녁때까지 수업이 있어서 매우 지쳤습니다.

　　⑦ わたしのふるさとには、<u>すいでん</u>がたくさんあります。

　　　저의 고향에는 논이 많이 있습니다.

　　⑧ <u>ちち</u>はとても<u>ちから</u>がつよくて、<u>おとこ</u>らしいです。

　　　아버지는 매우 힘이 세서 남자답습니다.

　　⑨ <u>ことし</u>から、<u>にほんご</u>のほかに、<u>こうぎょう</u>の<u>べんきょう</u>もするつもりです。

　　　올해부터 일본어 외에 공업공부도 할 생각입니다.

　　⑩ いい<u>せいせき</u>がもらえるように、<u>く</u>ふうしてレポートを<u>か</u>きました。

　　　좋은 성적을 받을 수 있도록 궁리해서 리포트를 썼습니다.

　　⑪ この<u>おみせ</u>でしか<u>か</u>えない<u>しょうひん</u>があります。

　　　이 가게에서밖에 살수 없는 상품이 있습니다.

　　⑫ <u>かんこく</u>は、<u>かりょく</u>はつ<u>でん</u>がとても<u>おお</u>いです。

　　　한국은 화력발전이 매우 많습니다.

3 ① 工[じょう]　　　② 電力　　　③ 力　　　④ 夕食
　　⑤ 図書　　　　　⑥ 品[もの]　　⑦ 工[ふう]　⑧ 回[ります]
　　⑨ 田中[さん]

4 ① ナンポドンには、安くていい品ものが、たくさんありますよ！
　　　南浦洞には 싸고 좋은 물건이 많이 있습니다.
　　② なつは、電力のしょうひが、とても多くなります。
　　　여름은 전력 소비가 아주 많아 집니다.
　　③ おなかがすいて、力がでません。。
　　　배가 고파서 힘이 나지 않아요..
　　④ 目が回って、まっすぐあるけません。
　　　눈이 돌아서(현기증이 나서) 똑바로 걸을 수 없습니다.
　　⑤ 田中さんは、すごくきれいで人気があるそうです。
　　　다나카씨는 매우 예뻐서 인기가 있다고 합니다.
　　⑥ わたしの高校のとなりには、大きな工じょうがあります。
　　　저의 고등학교 옆에는 큰 공장이 있습니다.
　　⑦ 今日の夕食は、何にしようかな？
　　　오늘 저녁식사는 무엇으로 할까?
　　⑧ 日本語のべんきょうほうほうを、もっと工ふうして下さい。
　　　일본어 공부법을 더 궁리해 주세요.
　　⑨ 明日の１０時、図書かんの前で会いましょう。
　　　내일 10시, 도서관 앞에서 만납시다.

5
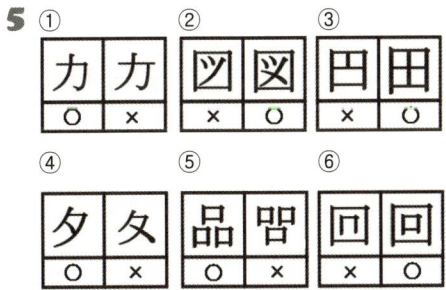

Lesson 2 （P20）

1 ① せい[もん]　　② しょう[じき]　③ と[まります]　④ せ[かい]
　　⑤ [お]せわ　　　⑥ く[べつ]　　　⑦ い[しゃ]　　　⑧ まち
　　⑨ かく[すう]　　⑩ が[めん]　　　⑪ が[か]　　　　⑫ [ごう]けい

2 ① とうきょうには、２３のくがあります。

とうきょうには23このくがあります。
도쿄에는 23개의 구가 있습니다.

② わたしのゆめは、<u>しょうらいが</u>かになることなんです。
저의 꿈은 장래에 화가가 되는 것입니다.

③ <u>せいもんのまえ</u>のしょくどうは、ちかくてとてもべんりです。
정문 앞의 식당은 가까워서 매우 편리합니다.

④ パソコンの<u>がめん</u>がこわれちゃった…。
컴퓨터의 화면이 고장나 버렸다……

⑤ <u>えきまえ</u>に、<u>しんせかい</u>という<u>おおきなおみせ</u>ができました。
역 앞에 신세계라는 큰 가게가 생겼습니다.

⑥ テグという<u>まち</u>は、プサンからバスで<u>いちじかん</u>かかります。
대구라고 하는 도시는 부산에서 버스로 한 시간 걸립니다.

⑦ このかんじは、<u>かく</u>すうが<u>おおく</u>てむずかしいです。
이 한자는 획수가 많아서 어렵습니다.

⑧ ひこうきが5<u>まんえん</u>、ホテルが2<u>まんえん</u>で、ごう<u>けい</u>7<u>まんえん</u>かかりました。
비행기가 5만엔, 호텔이 2만엔으로 합계 7만엔 들었습니다.

⑨ かれは<u>しょう</u>じきな、<u>いいひと</u>です。
그는 정직한, 좋은 사람입니다.

⑩ あの<u>おい</u>しゃさんには、ほんとうにお<u>せわ</u>になりました。
저 의사 분께는 정말로 신세 졌습니다.

⑪ 「は」と「が」の<u>く</u>べつがむずかしいです。
「は」와「が」의 구별이 어렵습니다.

⑫ きのうは<u>いちにちじゅう</u>、<u>でんき</u>がとまってこまりました。
어제는 하루 종일 전기가 나가 곤란했습니다.

3　① 正月　　　② 中止　　　③ [ち]区　　　④ 医学　　　⑤ 町長
　　　⑥ 時計　　　⑦ 計画　　　⑧ 町　　　　⑨ 世話　　　⑩ 世[の]中

4　① <u>世の中</u>には、いろいろな<u>人</u>がいます。
세상에는 여러 사람이 있습니다.

② <u>今年の正月</u>は、いえにかえりませんでした。
올해 정월은 집에 돌아가지 않았습니다.

③ かれのおねえさんは、<u>医学</u>をべんきょうしています。
그의 누나는 의학을 공부하고 있습니다.

④ ソウルは、<u>大</u>きな<u>町</u>ですね。
서울은 큰 도시이네요.

⑤ <u>毎日</u>、こども<u>世話</u>をするのは たいへんです。
매일 아이 돌보기를 하는 것은 힘듭니다.

⑥ この<u>町</u>の<u>町長</u>は、わたしのしんせきです。
이 마을의 촌장은 저의 친척입니다.

⑦ <u>今日</u>は<u>雨</u>なので、<u>山</u>のぼりは<u>中止</u>しましょう…。
오늘은 비가 내리니까 등산은 그만둡시다.

⑧ たんじょう日に、父から時計をもらいました。
　　생일에 아버지께 시계를 받았습니다.
⑨ わたしはまだ、しょうらいの計画がありません。
　　저는 아직 장래 계획이 없습니다.
⑩ このち区には、お金もちがたくさんすんでいます。
　　이 지구에는 부자가 많이 살고 있습니다.

5

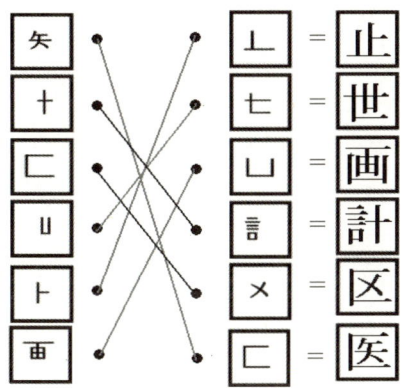

Lesson 3 (p.24)

1 ① きょう[だい]　　② [お]にい[さん]　　③ がんじつ　　④ [かん]こう
　　⑤ う[りば]　　⑥ はっ[ぴょう]　　⑦ せん[がん]　　⑧ せん[たく]
　　⑨ [びょう]いん　　⑩ う[ります]　　⑪ あら[います]　　⑫ げんき

2 ① とうきょうのあさくさをかんこうしました。
　　도쿄의 아사쿠사를 관광했습니다.
　② まいにち せんたくするのは、ちょっとめんどくさいなぁ～
　　매일 세탁하는 것은 좀 귀찮은걸~
　③ らいしゅう、にほんごのはっぴょうがあります。
　　다음 주 일본어 발표가 있습니다.
　④ やまださんのおにいさんは、せがたかくて、とてもかっこいいです！
　　야마다 씨의 형은 키가 커서 매우 멋있습니다!
　⑤ ふゆのあさは、せんがんがつらいですね。
　　겨울 아침은 세안이 괴롭네요.
　⑥ うちはきょうだいがおおくて、いつもけんかしています。
　　저희는 형제가 많아서 언제나 다투고 있습니다.
　⑦ ねつがあるので、びょういんにいってから、がっこうにいきます。
　　열이 있어서 병원에 간 뒤 학교에 갑니다.

⑧ <u>がんじつ</u>は、ほとんどのお<u>みせ</u>がや<u>すみ</u>です。

설날은 대부분의 가게가 쉽니다.

⑨ ひさしぶり！<u>げんき</u>だった？

오랜만이야! 잘 지냈어?

⑩ あのみ<u>せ</u>は、<u>がいこく</u>の<u>たべもの</u>をたくさん<u>う</u>っています。

저 가게는 외국 음식을 많이 팔고 있습니다.

⑪ <u>てんき</u>もいいし、<u>ごご</u>から、<u>くるま</u>を<u>あら</u>いに<u>いこう</u>と<u>おも</u>います。

날씨도 좋고 오후에 차를 씻으러 가려고 생각합니다.

⑫ おかし<u>う</u>りばはこちらです。

과자 매장은 이쪽입니다.

---

3 ① 足元　　② 日光　　③ 入院　　④ 売店　　⑤ 出発

⑥ 発売　　⑦ 発車　　⑧ 洗[ざい]　　⑨ 光　　⑩ 大学院

---

4 ① この<u>洗</u>ざいは、<u>安</u>いし、いいにおいがします。

이 세제는 싸고 좋은 냄새가 납니다.

② <u>日光</u>がまぶしくて、<u>前</u>がよく<u>見</u>えません。

햇빛이 눈부셔서 앞이 잘 보이지 않습니다.

③ そつぎょうしたら、<u>大学院</u>へ<u>行</u>くつもりです。

졸업하면 대학원에 갈 생각입니다.

④ <u>発車</u>5<u>分前</u>に、<u>駅</u>にとうちゃくしました。

발차 5분전에 역에 도착했습니다.

⑤ <u>売店</u>のおばさんは、いつもあかるくて、<u>元気</u>です。

매점 아주머니는 항상 밝고 건강합니다.

⑥ 「<u>田中</u>さん、<u>入院</u>したんだって！」「えっ！どこのびょう<u>院</u>？」

「다나카씨, 입원했다네!」「뭐! 어느 병원?」

⑦ <u>雨</u>の<u>日</u>は、<u>足元</u>に<u>気</u>をつけてください。

비 오는 날은, 걸음걸이를 조심해 주세요.

⑧ <u>発売</u>したばかりのカメラを、<u>買</u>ってもらいました♪

발매한지 얼마 안 된 카메라를 사주었습니다♪

⑨ まどからたいようの<u>光</u>が<u>入</u>ってきました。

창문으로 태양 빛이 들어왔습니다.

⑩ あした、<u>中国</u>へ<u>出発</u>します。

내일 중국에 출발합니다.

5

① 　　　　②

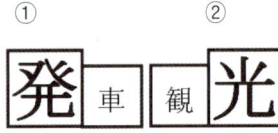

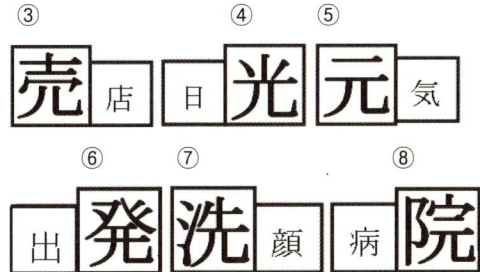

③ 売 店　日　④ 光　⑤ 元　気
⑥ 出　発　洗　顔　病　⑧ 院

Lesson 4 (p.28)

1 ① しゃ[しん]　② いん[よう]　③ [べん]きょう　④ じゃく[てん]
　 ⑤ かいとう　　　 ⑥ だい[どころ]　⑦ ごう[どう]　　⑧ ごう[かく]
　 ⑨ こた[えます]　 ⑩ [わり]びき　　 ⑪ おとうと　　 ⑫ [さん]こうしょ

2 ① JLPT N2にごうかくするために、がんばります。
　　 JLPT N2에 합격하기 위에 열심히 하겠습니다.
　 ② やまかわさんは、こうこうせいのおとうとがふたりいるそうです。
　　 야마카와씨는 고등학생 남동생이 둘 있다고 합니다.
　 ③ あなたのじゃくてんはなんですか?
　　 당신의 약점은 무엇입니까?
　 ④ やすみのあいだ、にほんごをぜんぜんべんきょうしませんでした。
　　 방학 동안 일본어를 전혀 공부하지 않았습니다.
　 ⑤ だいどころから、ゆうしょくのいいにおいがするなぁ~
　　 부엌에서 저녁식사의 좋은 냄새가 난다아~
　 ⑥ ほんのぶんしょうをいんようするとき、どうしたらいいですか?
　　 책의 문장을 인용할 때, 어떻게 하면 좋습니까?
　 ⑦ あたらしいカメラをかったので、たくさんしゃしんをとるつもりです。
　　 새로운 카메라를 샀으므로, 많은 사진을 찍을 생각입니다.
　 ⑧ せんぱいから、さんこうしょをもらいました♪
　　 선배에게 참고서를 받았습니다♪
　 ⑨ いちねんせいのかいとうはとてもおもしろいですね。
　　 1학년의 해답은 매우 재미있네요.
　 ⑩ えいがのわりびきけんは、どこでかえますか?
　　 영화 할인권은 어디서 살 수 있습니까?
　 ⑪ まいしゅう、にほんじんとかんこくじんのごうどうチームでやきゅうをします。
　　 매주 일본인과 한국인의 합동 팀으로 야구를 합니다.
　 ⑫ きんちょうして、じょうずにこたえられませんでした。
　　 긴장해서 능숙하게 대답할 수 없었습니다.

3 ① 写[します]   ② 考[えます]   ③ 引[きます]   ④ 合[います]

     ⑤ 引力   ⑥ 強[い]   ⑦ 強弱   ⑧ 弱[い]

     ⑨ 兄弟   ⑩ 台風   ⑪ 答   ⑫ 引[き]出[し]

4 ① エアコンの強弱は、ここでちょうせつして下さい。

     에어컨의 강약은 여기서 조절해 주세요

     ② わたしの大学のやきゅうチームは、とても弱いそうですよ。

     저희 대학 야구팀은 매우 약하다고 합니다.

     ③ ワインとチーズはよく合います。

     와인과 치즈는 잘 어울립니다.

     ④ 来年から休学するかどうか、よく考えてみます。

     내년부터 휴학할지 어떻게 할지 잘 생각 해 보겠습니다.

     ⑤ このもんだいの答が、どうしてもわかりません。

     이 문제의 답을 아무리 해도 모르겠습니다.

     ⑥ きれいに写しんに写るように、しっかりおけしょうをしました。

     예쁘게 사진에 찍히도록 빈틈없이 화장을 했습니다.

     ⑦ 下からみっつ目の引き出しには、お金が入っています。

     밑에서 3번째 서랍에는 돈이 들어있습니다.

     ⑧ 山田さんは3人、田中さんは4人、兄弟がいます。

     야마다씨는 3명, 다나카씨는 4명 형제가 있습니다.

     ⑨ あしたは台風が来るので、学校が休みです。

     내일은 태풍이 오기때문에, 학교가 쉽니다.

     ⑩ 入口のドアは、手前に引いて下さい。

     입구의 문은 앞으로 당겨 주세요.

     ⑪ 強くて、やさしい人間になりたいです。

     강하고 상냥한 인간이 되고 싶습니다.

     ⑫ ちきゅうの引力について、べん強したことがあります。

     지구의 인력에 대해서 공부한 적이 있습니다.

5

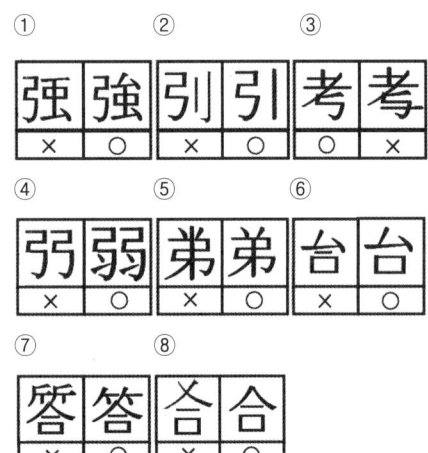

①	②	③
強 ×	強 ○	引 ×	引 ○	考 ○	考 ×

④	⑤	⑥
弱 ×	弱 ○	弟 ×	弟 ○	台 ×	台 ○

⑦	⑧
答 ×	答 ○	合 ×	合 ○

Lesson 5 (p.32)

1 ① ふ[べん] ② ぶん[めい] ③ [ちゅう]もん ④ えいご
⑤ せきどう ⑥ きょう[と] ⑦ [ぎょう]かい ⑧ あか[い]
⑨ とうきょう ⑩ ふあん

2 ① <u>こ</u>としは、<u>あ</u>かいふくが<u>にんき</u>だそうです。
올해는 빨간 옷이 인기라고 합니다.
② <u>え</u>いごのはつおんは、にほんごのはつおんよりむずかしいですね。
영어 발음은 일본어 발음보다 어렵네요.
③ <u>ら</u>いねんはだいがくを<u>きゅうがく</u>して、<u>とうきょう</u>に<u>い</u>くつもりです。
내년은 대학을 휴학하고 도쿄에 갈 생각입니다.
④ これ、ちゅう<u>もん</u>したりょうりとちがいます。
이 것, 주문한 요리와 다릅니다.
⑤ <u>だ</u>いがく<u>せ</u>いには、テレビ<u>ぎょうかい</u>などが<u>にんき</u>です。
대학생에게는 텔레비전업계 등이 인기입니다.
⑥ <u>あ</u>したのテスト、うまくできるか<u>ふあん</u>だなあ…。
내일 테스트, 잘 할 수 있을까 불안해……
⑦ <u>ち</u>ゅうごくには、「<u>せかい よんだい ぶんめい</u>」のひとつがあったそうです。
중국에는 「세계 4대 문명」의 하나가 있었다고 합니다.
⑧ <u>せ</u>きどうにちかい<u>く</u>には、<u>い</u>ちねんじゅうあつくてたいへんそうだ。
적도에 가까운 나라는 1년 내내 더워서 힘든 것 같다.
⑨ <u>き</u>のう、パソコンがこわれてしまって、とても<u>ふ</u>べんです。
어제 컴퓨터가 고장나버려서, 매우 불편합니다.
⑩ <u>き</u>ょうと<u>い</u>きのきっぷは、どこで<u>か</u>えますか?
교토행 표는 어디서 살 수 있습니까?

3 ① 文学 ② 本文 ③ 英国 ④ 赤[ちゃん] ⑤ 世界
⑥ 不安 ⑦ 英語 ⑧ 東京 ⑨ 赤道 ⑩ 水不足

4 ① アフリカには、<u>水不足</u>の<u>国</u>がたくさんあるそうです。
아프리카에는 물 부족 국가가 많이 있다고 합니다.
② かわいい<u>赤</u>ちゃんを<u>見</u>ると、<u>元気</u>が<u>出</u>ます。
귀여운 아기를 보면 기운이 납니다.
③ <u>本文</u>を<u>読</u>んで、つぎのもんだいに<u>答</u>えなさい。
본문을 읽고 다음의 문제에 답하시오.
④ <u>英語</u>のべん<u>強</u>のために、<u>一</u>か<u>月</u>じゅくにかよいました。
영어 공부를 위해 1개월 학원에 다녔습니다.
⑤ <u>赤道</u>は、<u>目</u>に<u>見</u>えないせんです。

적도는 눈에 보이지 않는 선입니다.

⑥ よしもとばなななど、日本文学にきょうみがあります。

요시모토 바나나 등 일본문학에 홍미가 있습니다.

⑦ ソウルと東京、どちらの人口が多いですか？

서울과 동경 어느 쪽의 인구가 많습니까?

⑧ 日本語では、イギリスのことを、英国とも言います。

일본어에서는 영국(이기리스:イギリス)을 에코쿠(英国)이라고도 합니다.

⑨ JLPTに合かくできるかどうか、不安です。

JLPT에 합격할 수 있을지 어떨지 불안합니다.

⑩ いつか、世界中をりょ行するのがゆめです。

언젠가 온 세계를 여행하는 것이 꿈입니다.

5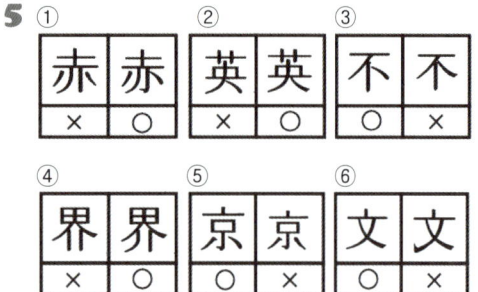

Lesson 6 (p.36)

1 ① おも[い]で   ② きゅう[よう]   ③ [とっ]きゅう   ④ いけん

⑤ い[み]   ⑥ [よう]い   ⑦ ふゆ   ⑧ かんき

⑨ くろ[い]   ⑩ こく[ばん]   ⑪ [や]ちょう   ⑫ ことり

2 ① とっきゅうでんしゃはたかいので、バスでいきましょう。

특급전차는 비싸기 때문에 버스로 갑시다.

② めがねをかけないと、こくばんのじがみえません。

안경을 쓰지 않으면 칠판의 글씨가 보이지 않습니다.

③ かのじょのたんじょうびに、バラのはなをよういしました。

그녀의 생일에 장미를 준비했습니다.

④ このこうえんは、やちょうでゆうめいだそうです。

이 공원은 들새로 유명하다고 합니다.

⑤ こんしゅうからかんきのせいで、とてもさむいです。

이번 주부터 한기 탓에 매우 춥습니다.

⑥ かんこくでいいおもいでをたくさんつくってください。

한국에서 좋은 추억을 많이 만들어 주세요.

⑦ みんなのいけんをまとめるのは、たいへんですね。

모두의 의견을 조합하는 것은 힘든 일이네요.

⑧ おじさんの<u>いえ</u>には、かわいい<u>ことり</u>がたくさんいます。

아저씨의 집에는 귀여운 작은 새가 많이 있습니다.

⑨ <u>ことし</u>のふゆは、いつもよりあたたかいね。

올해 겨울은 평소보다 따뜻하네요.

⑩ きのう、おみせで<u>く</u>ろいスカートを<u>か</u>いました。

어제 상점에서 검은 스커트를 샀습니다.

⑪ このことばの<u>い</u>みがわかりません。

이 말의 의미를 모르겠습니다.

⑫ <u>きゅう</u>ようができたので、<u>おさき</u>にしつれいします。

급한 용무가 생겨서 먼저 실례하겠습니다.

3 ① 思[い]出　② 意思　③ 急[ぎます]　④ 急[に]
⑤ 悪人　⑥ 悪口　⑦ 意見　⑧ 意外
⑨ 冬休[み]　⑩ 寒[い]　⑪ 黒人　⑫ 小鳥

4 ① いえの<u>中</u>で、<u>白</u>い<u>小鳥</u>をかっています。

집 안에서 하얀 작은 새를 기르고 있습니다.

② <u>冬休</u>みは、ウルサンにかえるつもりです。

겨울방학에는 울산에 돌아갈 생각입니다.

③ その<u>日</u>は、<u>午後</u>から<u>急</u>に<u>雨</u>がふってきました。

그 날은 오후부터 갑자기 비가 내리기 시작했습니다.

④ かれがおさけを<u>飲</u>めないなんて、ちょっと<u>意外</u>だね。

그가 술을 못 마신다니 조금 의외이네.

⑤ アメリカの<u>黒人</u>おんがくが<u>大</u>すきです。

미국 흑인음악을 정말 좋아합니다.

⑥ <u>大学</u>では、いい<u>思</u>い<u>出</u>をたくさんつくりたいです。

대학에서는 좋은 추억을 많이 만들고 싶습니다.

⑦ <u>冬</u>のソウルは<u>寒</u>いので、<u>行</u>きたくありません。

겨울 서울은 한기 때문에 가고 싶지 않습니다.

⑧ なかなか、<u>意思</u>がつたわりませんでした。

좀처럼 의사가 전달되지 않았습니다.

⑨ <u>悪人</u>にだまされて、お<u>金</u>をとられました。

나쁜 사람에게 속아 돈을 빼앗겼습니다.

⑩ しけんにおくれるよ！<u>急</u>いで！

시험에 늦어요! 서둘러요!

⑪ <u>意見</u>のある<u>人</u>は、<u>手</u>をあげて<u>下</u>さい。

의견이 있는 사람은 손을 들어 주세요.

⑫ <u>人</u>の<u>悪口</u>を<u>言</u>うと、あなたも<u>言</u>われますよ。

사람의 험담을 하면, 당신도 (험담을)듣게 되요.

5

Lesson 7 (p.40)

1 ① [せつ]めい　　② あした / あす　　③ あん[き]　　④ [せい]しゅん　　⑤ はる
　　⑥ あした　　　　⑦ ちゅうしょく　　⑧ あつ[い]　　　④ くら[い]　　　⑩ ひる

2 ① あした / あす、いっしょにごはんをたべませんか？
　　内일 같이 밥을 먹지 않으시겠습니까?
　② きれいなあさひをみると、いちにちいいきぶんです。
　　아름다운 아침 해를 보면 하루 종일 좋은 기분입니다.
　③ にほんのせいしゅんえいがをみて、とてもかんどうしました。
　　일본의 청춘 영화를 보고 매우 감동했습니다.
　④ せんせい！もっとわかりやすくせつめいしてください！
　　선생님! 더 알기 쉽게 설명 해 주세요!
　⑤ ひるごはんはいつものみせにしようかな？
　　それともあたらしいみせにしようかな？
　　점심은 평소(가는) 가게로 할까? 아니면 새로운 가게로 할까?
　⑥ よるのがっこうは、くらくてこわいです。
　　밤에 학교는 어두워서 무섭습니다.
　⑦ あついときは、つめたいみずがおいしいですね。
　　더울 때는 차가운 물이 맛있네요.
　⑧ たんごのあんきはきらいですが、かいわはすきですよ。
　　단어 암기는 싫습니다만, 회화는 좋아해요.
　⑨ ちゅうしょくのじかんは、いちじかんしかありません。
　　중식 시간은 한 시간 밖에 없습니다.
　⑩ はるは、さくらをみながらおさけをのむのがいいですね。
　　봄은 벚꽃을 보면서 술을 마시는 것이 좋네요.

3 ① 明[るい]　　　② 明暗　　　　③ 春休[み]　　　④ 春分　　　⑤ 朝食
　　⑥ 朝　　　　　　⑦ 昼休[み]　　　⑧ 暗[い]　　　　⑨ 暑[い]　　　⑩ 明日

4　① ホテルの<u>朝</u>食は、<u>高</u>いけどおいしいそうですね。

　　　　호텔의 조식은 비싸지만 맛있다고 하네요.

　　② <u>暑</u>い<u>日</u>に<u>食</u>べるアイスクリームは、さい<u>高</u>です。

　　　　더운 날에 먹는 아이스크림은 최고입니다.

　　③ <u>明日</u>は、<u>午後</u>3<u>時</u>にあつまってください。

　　　　내일은 오후 3시에 모여주세요.

　　④ 「<u>春休</u>み、<u>何</u>するの？」「ソウルに<u>行</u>きたいな。」

　　　　「봄방학, 뭐할거야?」「서울에 가고 싶어.」

　　⑤ 2009<u>年</u>は、<u>三月二十日</u>が<u>春分</u>の<u>日</u>です。

　　　　2009년은 3월20일이 춘분의 날입니다.

　　⑥ かの<u>女</u>は<u>明</u>るくて、とてもいい<u>子</u>です。

　　　　그녀는 밝고 매우 좋은 아이입니다.

　　⑦ あの1てんが、しょうぶの<u>明暗</u>をわけました。

　　　　그 1점이 승부의 명암을 갈랐습니다.

　　⑧ <u>毎朝</u>、7<u>時</u>に<u>学校</u>へ<u>行</u>きます。

　　　　매일 아침, 7시에 학교에 갑니다.

　　⑨ <u>今日</u>はもうおそいので、<u>明日</u>、もういちど<u>考</u>えましょう。

　　　　오늘은 벌써 늦었기 때문에 내일 한번 더 생각해 봅시다.

　　⑩ テストの<u>前</u>は、みんな<u>暗</u>いかおをしています。

　　　　테스트 전은 모두 어두운 얼굴을 하고 있습니다.

5

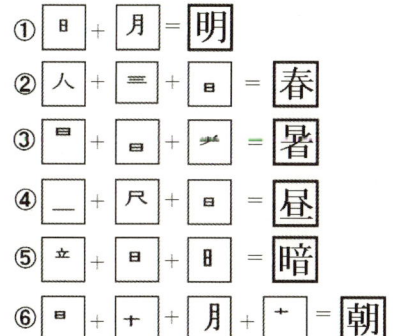

Lesson 8 (p.44)

1　① はやお[き]　　② おん[がく]　　③ おと　　④ [わか]もの　　⑤ じょうえい

　　⑥ ようび　　　　⑦ しゃっきん　　⑧ か[ります]　　⑨ つごう　　⑩ とうきょうと

2　① ちょっと、ボールペン<u>か</u>ります！

잠시 볼펜 빌립시다!

② きのうは、<u>にほん</u>の<u>あたらしいえいが</u>が<u>じょうえい</u>されました。
　어제는 일본의 새로운 영화가 상영되었습니다.

③ わたしの<u>ともだち</u>は、<u>とうきょうとしながわく</u>に<u>すんでいます。
　제 친구는 도쿄도 시나가와구에 살고 있습니다.

④ <u>となり</u>の<u>へや</u>から、うるさい<u>おと</u>がするなあ。
　옆방에서 시끄러운 소리가 나네.

⑤ <u>らいしゅう</u>、<u>のみかい</u>をしたいんですが、<u>つごう</u>はどうですか？
　다음 주 술모임을 하고 싶습니다만, 사정은 어떻습니까?

⑥ <u>たか</u>いものを<u>か</u>いすぎて、<u>しゃっきん</u>が100<u>まんえん</u>あります。
　비싼 것을 너무 사서 빌린 돈이 100만엔 있습니다.

⑦ <u>けんこう</u>のために、<u>はやお</u>きして<u>うんどう</u>をすることにしました。
　건강을 위해서 일찍 일어나서 운동을 하기로 했습니다.

⑧ <u>きょう</u>ってなん<u>ようび</u>だっけ？
　오늘말야 무슨 요일이지?

⑨ <u>くるま</u>の<u>なか</u>では、<u>おおきなおと</u>で<u>おんがく</u>を<u>き</u>いています。
　차 안에서는 큰 소리로 음악을 듣고 있습니다.

⑩ <u>さいきん</u>の<u>わかもの</u>は、<u>あさ</u>ごはんを<u>たべないひと</u>が<u>おお</u>いそうです。
　요즘 젊은이는 아침밥을 먹지 않는 사람이 많다고 합니다.

3　① 早[い]　　　　② 発音　　　　③ 足音　　　　④ 医者
　　　⑤ 学者　　　　⑥ 映画　　　　⑦ 映[します]　⑧ 都会
　　　⑨ 早朝　　　　⑩ 借[ります]　⑪ 都　　　　⑫ 水曜日

4　① <u>日本語</u>の<u>発音</u>、<u>上手</u>ですね！
　　　일본어 발음 능숙하시네요!

　　② <u>白</u>いかべには、<u>映</u>ぞうを<u>映</u>すことができます。
　　　흰 벽에는 영상을 상영하는 것이 가능합니다.

　　③ かれのお<u>父</u>さんは、ゆう<u>名</u>な<u>学者</u>です。
　　　그의 아버지는 유명한 학자입니다.

　　④ <u>語学</u>をべん<u>強</u>するなら、<u>早</u>いほうがいいと<u>思</u>いますよ。
　　　어학을 공부한다면 빠를수록 좋다고 생각해요.

　　⑤ <u>明日</u>は、<u>早朝</u>から<u>東京行</u>きの<u>電車</u>に<u>乗</u>ります。
　　　내일은 이른 아침부터 도쿄행 전철을 탑니다.

　　⑥ しょう<u>来</u>、<u>医者</u>とけっこんしたいです。
　　　장래 의사와 결혼하고 싶습니다.

　　⑦ <u>水曜日</u>はじゅぎょうがありません。
　　　수요일은 수업이 없습니다.

　　⑧ <u>母</u>の<u>足音</u>で、<u>目</u>がさめてしまいました。
　　　엄마의 발소리로 눈이 떠져 버렸습니다.

　　⑨ つぎのデートは、<u>映画</u>を<u>見</u>たいな。

다음 데이트는 영화를 보고 싶네에.

⑩ 京とには、むかし都があったそうです。

교토에는 예전에 수도가 있었다고 합니다.

⑪ 兄からお金を借りて、ゲームを買いました。

형에게 돈을 빌려서 게임을 샀습니다.

⑫ 都会は、人が多すぎてつかれます。

도시는 사람이 너무 많아서 지칩니다.

5

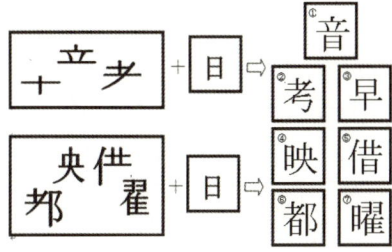

> **Lesson 9** (p.48)

1 ① じ[ゆう]　② じ[しん]　③ しゅと　④ なつ　⑤ しん[けん]
⑥ ま[よ]なか　⑦ き[もの]　⑧ ちゃく[しん]　⑨ くび　⑩ [あお]もりけん

2 ① なつは、まいにちシャワーをあびます。

여름은 매일 샤워를 합니다.

② ここにあるおかしは、じゆうにたべてください。

여기에 있는 과자는 마음대로 드셔 주세요.

③ あさからちゃくしんが10けんもあって、びっくりしました。

아침부터 착신이 10건이나 있어서 놀랐습니다.

④ ダンスをするときは、いつもしんけんです。

댄스를 할 때는 언제나 진지합니다.

⑤ くびがいたいので、じゅぎょうをやすませていただけませんか?

목이 아프기 때문에, 수업을 쉬게 해 주실 수 없습니까?

⑥ らいねん、あおもりけんのだいがくにりゅうがくするよていです。

내년 아오모리현의 대학에 유학할 예정입니다.

⑦ おしょうがつに、あかいきものをきせてもらいました。

정월에 빨간 기모노를 입혀 주셨습니다.

⑧ ちゅうごくのしゅとはペキン、かんこくのしゅとはソウルです。

중국의 수도는 북경, 한국의 수도는 서울입니다.

⑨ まよなかにトイレにいくのは、ちょっとこわいんです。

한밤중에 화장실에 가는 것은 조금 무섭습니다.

⑩ JLPT 1 きゅうに ごうかくする じしんが あります。
JLPT 1급에 합격할 자신이 있습니다.

3 ① 自分　　　　② 夏　　　　③ 県立　　　　④ 真[じつ]
　　 ⑤ 着[きます]　　⑥ 着[ます]　　⑦ 首　　　　⑧ 夏休[み]

4 ① 真じつは、だれにも わかりません。
　　 진실은 아무도 모릅니다.
　　 ② 日本では、何でも 自分で しなければ ならないので、大へんでした。
　　 일본에서는 뭐든지 스스로 하지 않으면 안되기 때문에 힘들었습니다.
　　 ③ 友だちは、夏休みに 中国へ りょこうを するそうです。
　　 친구는 여름방학에 중국에 여행을 간다고 합니다.
　　 ④ この間、わたしの ともだちが、会社を 首に なりました。
　　 얼마 전, 제 친구가 회사를 쫓겨났습니다.
　　 ⑤ お正月の 時には 着ものを 着ます。
　　 설날 때에는 기모노를 입습니다.
　　 ⑥ わたしは 国立、兄は 県立の 高校に かよっています。
　　 저는 국립, 형은 현립 고교에 다니고 있습니다.
　　 ⑦ あと10分で、テジョン駅に 着きます。
　　 앞으로 10분안에, 대전역에 도착합니다.
　　 ⑧ いつも 夏に なると、かぜを 引いて しまいます。
　　 언제나 여름이 되면 감기에 걸려 버립니다.

5

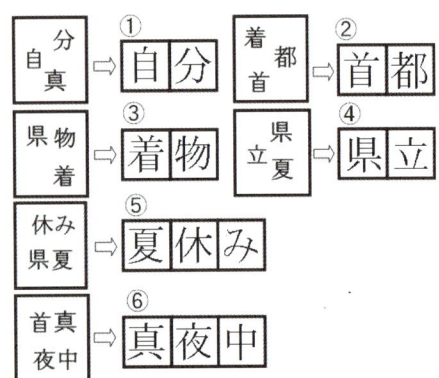

Lesson 10 (p52)

1 ① [ぜん]いん　　② [てい]いん　　③ しつ[もん]　　④ [たい]しつ

⑤ [ちん]たい　　　　⑥ ず[つう]　　　　⑦ [え]がお　　　　⑧ [もん]だい
⑨ しん[せつ]　　　　⑩ [りょう]しん　　⑪ おや　　　　　　⑫ あたま

2 ① きょうはあさからずつうがひどくて、つらいんです。
　　　오늘은 아침부터 두통이 심해서 괴롭습니다.
② なにかしつもんはありますか?
　　　무언가 질문은 있습니까?
③ りょうしんが60さいになるので、みんなでしょくじをするつもりです。
　　　부모님이 60세가 되기에 모두함께 식사를 할 생각입니다.
④ にほんのちんたいアパートは、ふゆ さむくてこまりました。
　　　일본의 임대아파트는 겨울에 추워서 곤란했습니다.
⑤ このテストは、ぜんいん ごうかくですよ。
　　　이 시험은 전원 합격이네요.
⑥ わたしは、ちゅうごくのみずがたいしつにあわないみたいです。
　　　저는 중국의 물이 체질에 맞지 않는 것 같습니다.
⑦ えきでこまっていたら、しんせつなおじさんがたすけれくれました。
　　　역에서 곤란해하고 있었더니 친절한 아저씨가 도와줬습니다.
⑧ かのじょは、えがおがかわいいのでにんきがあります。
　　　그녀는 웃는 얼굴이 귀엽기 때문에 인기가 있습니다.
⑨ あたまがわるくて、0てんをとってしまいました…。
　　　머리가 나빠서 0점을 받아 버렸습니다……
⑩ あした / あすのイベントは、ていいん100めいです。
　　　내일 이벤트는 정원이 100명입니다.
⑪ こどもには、おやのきもちがわからないものです。
　　　어린이는 부모의 기분을 모르는 법입니다.
⑫ いろいろなもんだいがあって、あのけいかくはちゅうしになりました。
　　　여러 가지 문제가 있어서 그 계획은 중지되었습니다.

3 ① 会員　　　　　② 店員　　　　　③ 品質　　　　　④ 貸[します]
⑤ 頭　　　　　　⑥ 洗顔　　　　　⑦ 顔[いろ]　　　⑧ 話題
⑨ 親[しい]　　　⑩ 父親　　　　　⑪ 貸[し]出[し]

4 ① この店には、安くて、品質のいいしょう品がたくさんあります。
　　　이 가게에는 싸고 품질 좋은 상품이 많이 있습니다.
② 雨がふってますよ、かさを貸しましょうか?
　　　비가 내리고 있어요, 우산을 빌려드릴까요?
③ わたしのクラスは、みんな親しい友だちばかりです。
　　　저의 학급은 모두 친한 친구뿐입니다.
④ 図書かんで、英語の本の貸し出しをしています。
　　　도서관에서 영어 책 대출을 하고 있습니다.

⑤ インターネットは、いろいろな話題があって、おもしろいですね。

인터넷은 여러 가지 화제가 있어서 재미있네요.

⑥ はやく父親になって、子どもとあそびたいです。

빨리 아버지가 되어서, 아이와 놀고 싶습니다.

⑦ なんか、顔いろが悪いけどだいじょうぶ？

뭔가 안색이 안 좋은데 괜찮아?

⑧ ころんで頭にけがをしてしまいました。

넘어져 머리에 상처를 입어 버렸습니다.

⑨ この店は、店員のたいどがいいからすきです。

이 가게는 점원의 태도가 좋기 때문에 좋아합니다.

⑩ おふろの中で、毎日ていねいに洗顔をしています。

목욕탕 안에서 매일 꼼꼼하게 세안을 하고 있습니다.

⑪ 今日は、会員は50％わり引になります！

오늘은 회원은 50％ 할인됩니다!

5

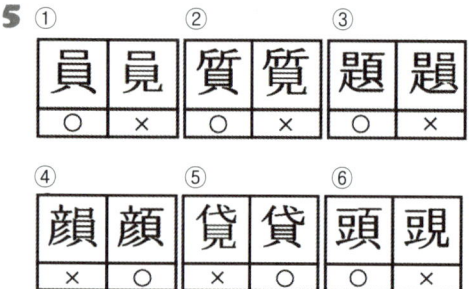

①		②		③	
員	見	質	覧	題	題
○	×	○	×	○	×

④		⑤		⑥	
顔	顔	覚	貸	頭	覩
×	○	×	○	○	×

Lesson 11 (p.56)

1 ① うんてん ② ころ[びます] ③ けいじどうしゃ ④ かる[い]

⑤ うん[そう] ⑥ [たい]じゅう ⑦ じゅう[よう] ⑧ おも[い]

⑨ どう[ぶつ] ⑩ [ろう]どう ⑪ [りょう]り ⑫ や[さい]

2 ① わたしは、ロシアりょうりがすきです。

저는 러시아 요리를 좋아합니다.

② うんてんがじょうずなおとこのひとはすてきですね。

운전이 능숙한 남자는 멋지네요.

③ さいきんやさいぶそくで、たいちょうがわるいんです。

최근 야채 부족으로 몸 상태가 나쁩니다.

④ にほんでは、がいこくじんろうどうしゃがふえている。

일본에서는 외국인 노동자가 늘고 있다.

⑤ さっき、そこでころんでしまいました。

조금 전 저기에서 넘어져 버렸습니다.

⑥ おんなのひとは、みんなたいじゅうをきにします。
여자는 모두 체중을 신경 씁니다.
⑦ なんのどうぶつがすき？
무슨 동물이 좋아?
⑧ あには、うんそうがいしゃではたらいています。
오빠는 운송회사에서 일하고 있습니다.
⑨ かるいにもつなら、いえまでもってあげますよ。
가벼운 짐이라면 집까지 들어드릴게요.
⑩ ほんの じゅうような ところに まるをつけてください。
책에서 중요한 곳에 동그라미를 쳐 주세요.
⑪ むかしのパソコンはとてもおもかったです。
옛날 컴퓨터는 아주 무거웠습니다.
⑫ だいがくにごうかくしたので、けいじどうしゃをかってもらいました。
대학에 합격했기 때문에, 경자동차를 사 주셨습니다.

3 ① 転校　　② 軽食　　③ 運動　　④ 運[びます]
⑤ 重力　　⑥ 行動　　⑦ 自動　　⑧ 動[きます]
⑨ 働[きます]　⑩ 理[ゆう]　⑪ 分野　　⑫ 重[ねます]

4 ① ちこくした理ゆうをおしえて下さい。
지각한 이유를 알려주세요.
② 小学生の時、5回も転校しました。
초등학생 때 5회나 전학했습니다.
③ 右手と左手を重ねてみてください。
오른손과 왼손을 겹쳐 봐 주세요.
④ 外国では、気をつけて行動しなければなりません。
외국에서는 조심해서 행동하지 않으면 안됩니다.
⑤ そのドアは、自動ドアではないですよ！
그 문은 자동문이 아니예요!
⑥ 運動はすきですが、べん強はきらいです。
운동은 좋아합니다만, 공부는 싫어합니다.
⑦ 明日、先生のへやまで、このにもつを運んでくれませんか？
내일, 선생님 방까지 이 짐을 옮겨 주지 않겠습니까?
⑧ わたしはその分野にはきょうみがありません。
저는 그 분야에는 흥미가 없습니다.
⑨ ひこうきの中で、軽食を食べました。
비행기 안에서 가벼운 식사를 했습니다.
⑩ はやくそつぎょうして働きたいです。
빨리 졸업해서 일하고 싶습니다.
⑪ MP3がこわれて、動かなくなりました。
MP3가 고장 나서 작동되지 않게 되었습니다.

⑫「重力」は、かん国語で何と言いますか?
　「중력」은 한국어로 뭐라고 말합니까?

5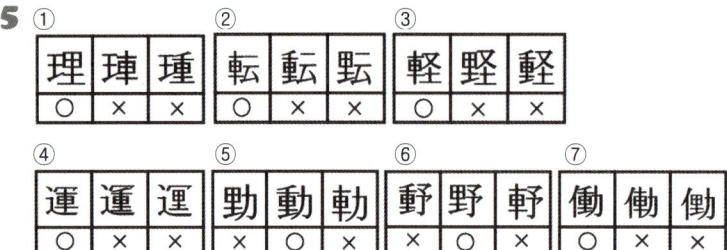

① 理 珒 瑝　② 転 転 転　③ 軽 輕 軽
　○ × ×　　○ × ×　　○ × ×

④ 運 運 運　⑤ 勤 動 軌　⑥ 軒 野 軒　⑦ 働 働 働
　○ × ×　　× ○ ×　　× ○ ×　　○ × ×

Lesson 12 (p.62)

1 ① こうもん　　② もんだい　　③ どうじ　　④ かい[し]
　④⑤ [けん]きゅうしつ　⑥ たいふう　⑦ にゅうもん　⑧ よう[じ]
　⑨ [かん]じ　　⑩ しょくどう　⑪ か[ぞく]　⑫ しつもん

2 ① せんせいにしつもんをするときは、e-mailをおくってください。
　　선생님께 질문을 할 때는 e-mail을 보내주세요.
　② じゅぎょうのかいし5ふんまえにはきてください。
　　수업 개시 5분전에는 와 주세요.
　③ あのひとは、どうじにふたつのりょうりをつくることができます。
　　저 사람은 동시에 두 가지 요리를 만드는 것이 가능합니다.
　④ こうもんからコンビニまであるいて5ふんです。
　　교문에서 편의점까지 걸어서 5분입니다.
　⑤ たいふうのひはがっこうがやすみになるのでうれしいです。
　　태풍(이 부는) 날은 학교가 휴일이 되므로 기쁩니다.
　⑥ だいがくのまえにおおきなしょくどうがあります。
　　대학 앞에 큰 식당이 있습니다.
　⑦ ともだちがようじでかえってしまったので、たいくつです。
　　친구가 용무로 돌아가 버렸기 때문에 지루합니다.
　⑧ にほんごのかんたんなにゅうもんのほんはどこにありますか?
　　일본어에 관한 간단한 입문책은 어디에 있습니까?
　⑨ さいきんはおやとこどもだけでくらすかぞくがおおいです。
　　요즘은 부모와 아이만으로 사는 가족이 많습니다.
　⑩ わかいひとがはたらかずにだらだらしているのはもんだいです。
　　젊은사람이 일하지 않고 날짱날짱하고 있는 것은 문제입니다.
　⑪ ここにかんじでなまえをかいてください。
　　여기에 한자로 이름을 써 주세요
　⑫ わたしのけんきゅうしつにはエアコンがついていません。

저의 연구실에는 에어컨이 켜져 있지 않습니다.

3　① 開店　　　　　② 用[います]　　　③ 問[います]　　　④ [けん]究

　　⑤ 開[けます]　　⑥ 同[じ]　　　　　⑦ 文字　　　　　⑧ 用[じ]

　　⑨ 一家　　　　　⑩ 風　　　　　　　⑪ 合同　　　　　⑫ 正門

4　① すみませんがまどを<u>開</u>けていただけませんか。

　　죄송합니다만 창문을 열어 주시지 않겠습니까?

　　② わたしと<u>木村</u>さんは<u>年</u>が<u>同</u>じです。

　　저와 기무라씨는 나이가 같습니다.

　　③ <u>日本語</u>の<u>文字</u>のひらがなとカタカナは<u>同</u>じ<u>発音</u>です。

　　일본어 문자인 히라가나와 가타카나는 같은 발음입니다.

　　④ このすう<u>字</u>を<u>用</u>いてグラフをつくりなさい。

　　이 숫자를 사용해서 그래프를 만드세요.

　　⑤ <u>日本</u>のほとんどのデパートは１１<u>時</u>に<u>開店</u>します。

　　일본의 대부분의 백화점은 11시에 개점합니다.

　　⑥ <u>今日</u>のじゅぎょうはほかのクラスと<u>合同</u>で<u>行</u>います。

　　오늘 수업은 다른 학급과 합동으로 실시합니다.

　　⑦ <u>冬</u>になるとつめたい<u>風</u>がふいて<u>寒</u>いので、<u>外</u>をあるきたくありません。

　　겨울이 되면 찬 바람이 불어 춥기 때문에 밖을 걷고 싶지 않습니다.

　　⑧ <u>今日</u>は<u>早</u>くねたいのに、<u>用</u>じがおわらないのでねられません。

　　오늘은 빨리 자고 싶은데 용무가 끝나지 않았기 때문에 잘 수 없습니다.

　　⑨ <u>田中</u>さんの<u>一家</u>は、<u>来月</u>から<u>外国</u>に<u>行</u>きます。

　　다나카씨 일가는 다음달부터 외국에 갑니다.

　　⑩ <u>英語</u>のけん<u>究</u>をして１０<u>年</u>になります。

　　영어 연구를 해서 10년이 됩니다.

　　⑪ さいきん、<u>学校</u>のきょういくが<u>問</u>われています。

　　최근 학교 교육이 추궁 당하고 있습니다.

　　⑫ ６<u>時</u>に<u>大学</u>の<u>正門</u>の<u>前</u>で<u>会</u>いましょう。

　　6시에 대학 정문 앞에서 만납시다.

5

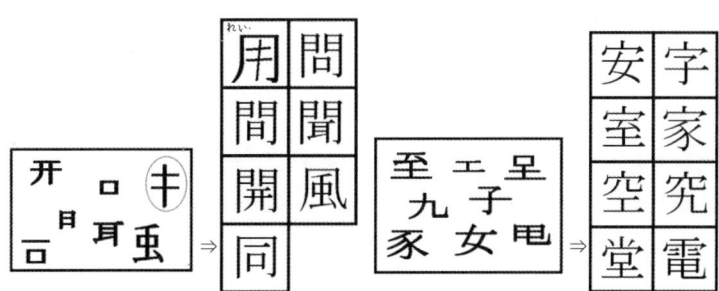

1 ① ひろ[ば]　　　　② びょういん　　　③ おおごえ　　　　④ さん[ぎょう]

　　⑤ [しょ]ゆう　　　⑥ こえ　　　　　　⑦ こんど　　　　　⑧ ゆうめい

　　⑨ おんせい　　　　⑩ う[みます]　　　⑪ [おん]ど　　　　⑫ びょうき

2 ① えきまえの、ひろばは、よくまちあわせにつかわれます。

　　　役앞 광장은 자주 만남(의 장소)에 사용됩니다.

　　② あのおかしはゆうめいだけどおいしくありません。

　　　저 과자는 유명하지만 맛있지는 않습니다.

　　③ このたてもののしょゆうしゃはかいがいにすんでいます。

　　　이 건물의 소유자는 외국에 살고 있습니다.

　　④ おんせいあんないにしたがって、すうじをにゅうりょくしてください。

　　　음성 안내에 따라서 숫자를 입력해 주세요.

　　⑤ チョコレートをつくるときは、おんどにきをつけてください。

　　　초콜릿을 만들 때는 온도에 신경 써 주세요.

　　⑥ このまちはじどうしゃさんぎょうでゆうめいです。

　　　이 도시는 자동차산업으로 유명합니다.

　　⑦ わたしのまちのびょういんにはいつもたくさんのひとがきます。

　　　제 고향 병원에는 언제나 많은 사람이 옵니다.

　　⑧ やまださんは、こえがおおきくてげんきなひとです。

　　　야마다씨는 목소리가 크고 건강한 사람입니다.

　　⑨ わたしのあにはびょうきになったことがありません。

　　　제 형은 병에 걸린 적이 없습니다.

　　⑩ らいげつ、あねがふたりめのあかちゃんをうみます。

　　　다음 달 언니가 두 번 째 아기를 낳습니다.

　　⑪ こんど、あたらしくできたデパートにいってみませんか。

　　　이번에 새로 생긴 백화점에 가 보지 않겠습니까?

　　⑫ おそいじかんにおおごえをだしてさわいではいけません。

　　　늦은 시간에 큰소리를 내고 떠들어서는 안됩니다.

3 ① 広[い]　　　　　② 産[みます]　　　③ 有[ります]　　　④ [30]度

　　⑤ 声　　　　　　　⑥ 有力　　　　　　⑦ 出産　　　　　　⑧ 一度

　　⑨ 広[こく]　　　　⑩ 病人　　　　　　⑪ 有名　　　　　　⑫ 生産

4 ① わたしの兄弟はみんな声がにています。

　　　제 형제는 모두 목소리가 닮았습니다.

　　② かれには、いいところも悪いところも有ります。

　　　그에게는 좋은 점도 나쁜 점도 있습니다.

③ アメリカにはまだ<u>行</u>ったことがないので、<u>一度</u> <u>行</u>ってみたいです。
미국에는 아직 가본 적이 없기 때문에, 한번 가보고 싶습니다.

④ <u>病人</u>はゆっくり<u>休</u>んで<u>下</u>さい。
환자는 푹 쉬어 주세요.

⑤ <u>電車</u>の<u>中</u>にはたくさんの<u>広</u>こくがあります。
전차 안에는 많은 광고가 있습니다.

⑥ いとこが、<u>来月</u> <u>出産</u>します。
사촌이 다음 달 출산합니다.

⑦ この<u>食</u>べものは、3<u>度</u>でほぞんして<u>下</u>さい。
이 음식은 3도에서 보존해 주세요.

⑧ つぎの<u>社長</u>として、<u>田中</u>さんはいちばん<u>有力</u>だ。
다음 사장으로 다나카씨는 가장 유력하다.

⑨ <u>友</u>だちが、<u>来週</u> <u>女</u>の<u>子</u>を<u>産</u>みます。
친구가 다음 주 여자아이를 낳습니다.

⑩ わたしのむらは、りんごの<u>生産</u>りょうが<u>日本</u>でいちばんです。
저의 마을은 사과의 생산량이 일본에서 제일입니다.

⑪ わたしの<u>家</u>には<u>広</u>いにわがあります。
저의 집에는 넓은 정원이 있습니다.

⑫ プサンは、テジクッパがとても<u>有名</u>です。
부산은 돼지국밥이 매우 유명합니다.

5

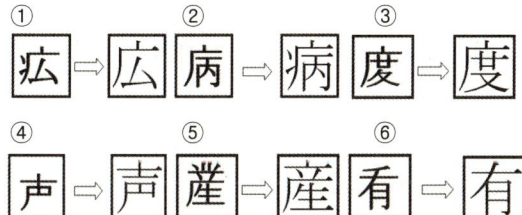

① 広⇒広 病⇒病 度⇒度
④ 声⇒声 產⇒産 有⇒有

Lesson 14 (p.70)

1 ① たて[もの]　　② べんきょう　　③ しん[ぽ]　　④ おおどお[り]
　　⑤ きん[じょ]　　⑥ きりつ　　　　⑦ そう[べつ]かい　⑧ [こう]つう
　　⑨ ぜんしん　　　⑩ みおく[る]　　⑪ [さい]きん　　⑫ けん[せつ]

2 ① <u>おおどおり</u>は<u>ひと</u>がたくさんいるので、きをつけてね。
　　큰길은 사람이 많으므로 조심해.
　　② <u>じゅぎょう</u>のあいさつの<u>とき</u>は、みんな<u>きりつ</u>します。
　　수업 인사 때는 모두 기립합니다.

③ あのひとは、なんねんたってもしんぽがありません。
그 사람은 몇 년이 지나도 진보가 없습니다.
④ いえのまえできんじょのたなかさんにあいました。
집 앞에서 이웃 다나카씨를 만났습니다.
⑤ やまださんのそうべつかいには、ぜひよんでください。
야마다씨의 송별회에는 꼭 불러 주세요.
⑥ さいきん あたらしいかれしができました。
최근 새로운 그이가 생겼습니다.
⑦ だいがくのたてものはふるいです。
대학 건물은 낡았습니다.
⑧ あさはこうつうじこがおおいので、きをつけましょう。
아침은 교통사고가 많기 때문에 주의합시다.
⑨ あたらしいホテルをけんせつちゅうです。
새로운 호텔을 건설 중입니다.
⑩ にほんじんのともだちを、えきでみおくります。
일본인 친구를 역에서 배웅합니다.
⑪ べんきょうするときはテレビをけしてください。
공부할 때는 텔레비전을 꺼 주세요.
⑫ まいにち ぜんしんすればいつかゴールがみえてきます。
매일 전진한다면 언젠가 목표가 보입니다.

3 ① 近[い]　　② 進[みます]　　③ 建[てます]　　④ 送[ります]
⑤ 起[きます]　　⑥ 通[います]　　⑦ 勉学　　⑧ 通[しん]
⑨ 発送　　⑩ 起[しょう]　　⑪ 通学　　⑫ 建[ちく]
⑬ 近所　　⑭ 先進国

4 ① ゆうびんきょくからは、毎日たくさんのにもつが発送されます。
우체국에서는 매일 많은 짐이 발송됩니다.
② わたしは今、おおさかの大学に通っています。
저는 지금 오사카의 대학에 다니고 있습니다.
③ インターネットの通しんがうまくいきません。
인터넷의 통신이 잘 되지 않습니다.
④ 日本の建ちくぶつは木でできているものが多いです。
일본의 건축물은 나무로 되어 있는 것이 많습니다.
⑤ 弟はいつもわたしよりも早く起きます。
남동생은 언제나 저보다 일찍 일어납니다.
⑥ 寒い冬でも、暑い夏でも、いっしょうけんめい勉学にはげみます。
추운 겨울이라도 더운 여름이라도 열심히 면학에 힘씁니다.
⑦ 近所においしいレストランがあるので、今度 食べに行きませんか。
근처에 맛있는 레스토랑이 있으니 이번에 먹으러 가지 않겠습니까?
⑧ わたしは、6時に起しょうして自転車で通学しています。

저는 6시에 기상해서 자전거로 통학하고 있습니다.

⑨ <u>先進国</u>は<u>工</u>ぎょうがはったつしています。

선진국은 공업이 발달해 있습니다.

⑩ <u>山本</u>さんはわたしの<u>家</u>の<u>近</u>くにすんでいます。

야마모토씨는 저의 집 가까이에 살고 있습니다.

⑪ <u>月</u>に<u>一回</u>、<u>母</u>に<u>手紙</u>を<u>送</u>ります。

월 1회 어머니께 편지를 보냅니다.

5

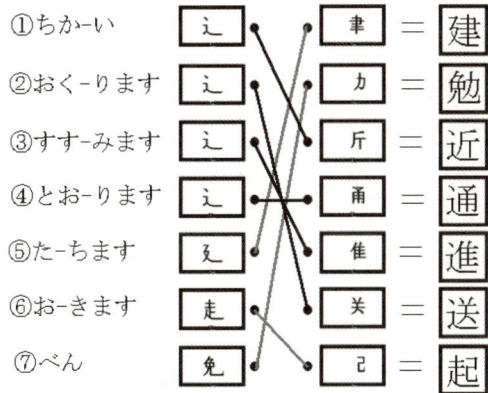

Lesson 15 (p.74)

1 ① ちゅうい　　　② でんち　　　③ じゅう[しょ]　　④ とく[に]

　 ⑤ いけ　　　　　⑥ まちあいしつ　⑦ しゅじん　　　⑧ とっきゅう

　 ⑨ ちず　　　　　⑩ そそ[ぐ]　　　⑪ じ[しん]　　　⑫ も[ち]ぬし

2 ① <u>びょういん</u>の<u>まちあいしつ</u>にはおもちゃや、<u>ほん</u>がおいてあります。

　　　병원의 대합실에는 장난감이나 책이 놓여져 있습니다.

　 ② <u>とっきゅうでんしゃ</u>はとまる<u>えき</u>が<u>すく</u>ないので、<u>き</u>をつけて<u>ください</u>。

　　　특급전차는 서는 역이 적으니까 주의해 주세요.

　 ③ <u>だいがく</u>の<u>いけ</u>には、ゴミをすてないで<u>ください</u>。

　　　대학의 연못에는 쓰레기를 버리지 말아 주세요.

　 ④ <u>きゅうじつ</u>は、<u>とく</u>にようじがなければ<u>いえ</u>でごろごろしています。

　　　휴일은 특별히 용무가 없으면 집에서 빈둥거리고 있습니다.

　 ⑤ ここに、あなたの<u>じゅうしょ</u>を<u>かいてください</u>。

　　　여기에 당신의 주소를 적어 주세요.

　 ⑥ ケータイの<u>でんち</u>がきれたので、その<u>ひ</u>はれんらくできませんでした。

　　　휴대폰의 전지가 다되어서 그 날은 연락할 수 없었습니다.

⑦ ちずをみましたが、いまどこにいるかわかりません。
　　지도를 봤습니다만, 지금 어디에 있는지 모르겠습니다.
⑧ おみせのひとがきて、コップにみずをそそいでくれました。
　　가게 사람이 와서 컵에 물을 부어 주었습니다.
⑨ じしんのときは、つくえのしたにかくれましょう。
　　지진 때는 책상 밑에 숨읍시다.
⑩ このいえのもちぬしはいま かいがいにいっていますよ。
　　이 집의 소유주는 지금 외국에 가 있어요.
⑪ きむらさんのごしゅじんは、よくゴルフにいきます。
　　기무라씨의 남편은 자주 골프 하러 갑니다.
⑫ あさはまださむいので、カゼをひかないようちゅういしてください。
　　아침은 아직 춥기 때문에 감기 걸리지 않도록 주의해 주세요.

3 ① 住[みます]　　② 主[な]　　③ 持[ちます]　　④ 待[ちます]
　　⑤ 池　　⑥ 注[ぎます]　　⑦ 住人　　⑧ 土地
　　⑨ [しょう]待　　⑩ 特色　　⑪ 住[しょ]　　⑫ 注目
　　⑬ 地下　　⑭ 気持[ち]

4 ① この土地の主な産ぎょうは水産ぎょうです。
　　이 토지(고장)의 주된 산업은 수산업입니다.
② さい近の学生は、自動車を持っています。
　　요즘 학생은 자동차를 가지고 있습니다.
③ デパートの地下には食品 売りばがあります。
　　백화점의 지하에는 식품 매장이 있습니다.
④ みなさん、黒ばんに注目して下さい。
　　여러분, 칠판에 주목해 주세요.
⑤ バスが来るまで、ゲームをしながら待ちます。
　　버스가 올 때까지 게임을 하면서 기다립니다.
⑥ それぞれの大学が、いろいろな特色を持っています。
　　각 대학이 여러 가지 특색을 지니고 있습니다.
⑦ 池にきれいな水を注ぎました。
　　연못에 깨끗한 물을 대었습니다.
⑧ 近じょの住人を食じにしょう待しました。
　　이웃 주민을 식사에 초대했습니다.
⑨ しらない人には、あまり住しょをおしえないほうがいいです。
　　모르는 사람에게는 그다지 주소를 가르쳐주지 않는 편이 좋습니다.
⑩ このお店の2かいには、ご主人の弟が住んでいます。
　　이 가게 2층에는 남편의 동생이 살고 있습니다.
⑪ かなしい気持ちになった時は、マンガをよんでわすれましょう。
　　슬픈 기분이 들 때는 만화를 읽고 잊읍시다.

5

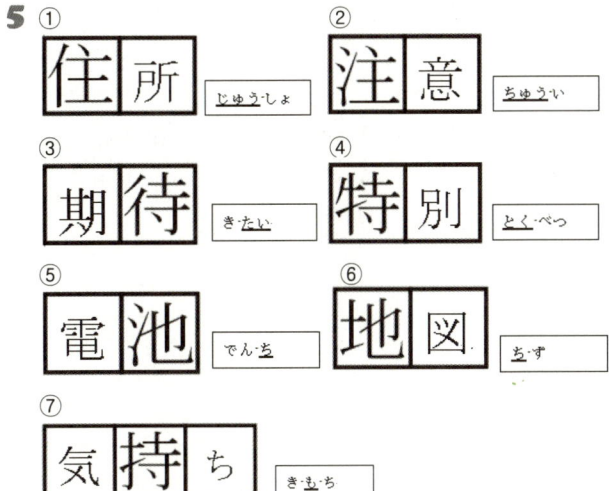

① 住所 じゅうしょ
② 注意 ちゅうい
③ 期待 き・たい
④ 特別 とく・べつ
⑤ 電池 でん・ち
⑥ 地図 ち・ず
⑦ 気持ち き・も・ち

Lesson 16 (p78)

1
① しまい　　② しはつ　　③ りんぎょう　　④ しんりん　　⑤ こう[ぶつ]

⑥ かいし　　⑦ じょうしゃ　　⑧ あつ[めます]　　⑨ はじ[めます]　　⑩ す[き]

⑪ しゅうごう　　⑫ めぐすり　　⑬ がっき　　⑭ じゅぎょう

2
① おとうさんはさしみがこうぶつです。
　　아버지는 회가 좋아하는 음식입니다.
② かのじょはいろいろながっきをもっています。
　　그녀는 여러 가지 악기를 가지고 있습니다.
③ きのねだんがやすくて、さいきんのりんぎょうはきびしいです。
　　나무값이 싸서 최근 임업이 어렵습니다.
④ 7じにここでしゅうごうなのに、たなかくんはまだきません。
　　7시에 여기에서 집합인데 다나카군은 아직 오지 않습니다.
⑤ めがかわいたときは、めぐすりをつかいます。
　　눈이 건조할 때는 안약을 사용합니다.
⑥ わたしは、しゅみできっぷをあつめています。
　　나는 취미로 우표를 모으고 있습니다.
⑦ となりのいえのしまいはどちらもきれいですが、わたしはいもうとさんがすきです。
　　옆 집의 자매는 어느 쪽도 예쁩니다만, 저는 동생분을 좋습니다.
⑧ はしってじょうしゃしないでください。
　　달려가서 승차하지 말아 주세요.
⑨ 9じになったので、じゅぎょうをはじめます。
　　9시가 되었기에 수업을 시작합니다.
⑩ つかれたとき、しんりんをみるときもちがおちつきます。
　　지쳤을 때 산림을 보면 기분이 안정됩니다.

⑪ テストが<u>かいし</u>されてすぐ、えんぴつがないことに<u>き</u>がつきました。
　테스트가 개시되고 이내 연필이 없는 것을 깨달았습니다.

3 ① 好[き]　　② 始[めます]　　③ 音楽　　④ 林　　⑤ 姉妹
　　⑥ 始発　　⑦ 薬品　　⑧ 森　　⑨ 作業　　⑩ 集中
　　⑪ 集[めます]　　⑫ 楽[しい]　　⑬ 乗[ります]　　⑭ 薬

4 ① <u>始発</u>の<u>電車</u>は、<u>人</u>が<u>少</u>ないです。
　　첫 출발 전철은 사람이 적습니다.
　　② <u>家</u>で<u>勉強</u>する<u>時</u>は、<u>音楽</u>を<u>聞</u>きます。
　　집에서 공부할 때는 음악을 듣습니다.
　　③ <u>子</u>どものころ、<u>近</u>じょの<u>林</u>でよくあそびました。
　　아이 때 근처 숲에서 자주 놀았습니다.
　　④ <u>友</u>だちとあそんでいる<u>時</u>は<u>楽</u>しいです。
　　친구와 놀고 있을 때는 즐겁습니다.
　　⑤ おしゃべりをしないで、<u>作業</u>に<u>集中</u>して<u>下</u>さい。
　　얘기하지 말고 작업에 집중해 주세요.
　　⑥ <u>勉強</u>を<u>始</u>めてから<u>三時間</u>たちました。
　　공부를 시작하고 나서 3시간 지났습니다.
　　⑦ <u>今日</u>は<u>一人</u>5000<u>円</u>ずつ<u>集</u>めます。
　　오늘은 한 명당 5000엔씩 모읍니다.
　　⑧ うち<u>姉妹</u>は、どちらもピアノをひくのが<u>好</u>きです。
　　우리 자매는 모두 피아노를 치는 것을 좋아합니다.
　　⑨ この<u>薬品</u>は、<u>注意</u>してつかってください。
　　이 약품은 주의해서 사용해 주세요.
　　⑩ <u>森</u>にはいろんな<u>生</u>きものがいます。
　　숲에는 여러 가지 생물이 있습니다.
　　⑪ <u>電車</u>に<u>乗</u>る<u>前</u>に<u>薬</u>をのみましょう。
　　전철을 타기 전에 약을 먹읍시다.

5

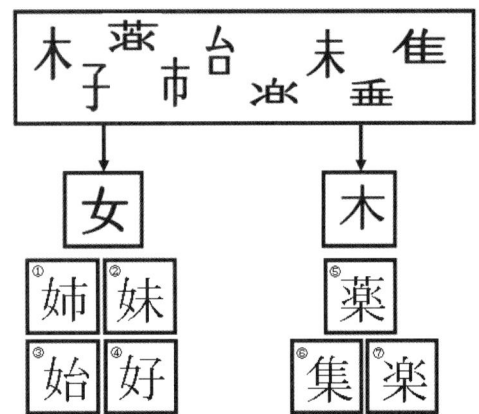

1　① たいし[かん]　② たいじゅう　③ し[ごと]　④ ようしょく
　　⑤ べん[り]　⑥ さくひん　⑦ つく[ります]　⑧ つか[います]
　　⑨ たいへいよう　⑩ さくぶん　⑪ しよう　⑫ かんじ

2　① おんなのひとは、たいじゅうをきにします。
　　　여자는 체중을 신경 씁니다.
　　② たいへいようにはたくさんのしまがあります。
　　　태평양에는 많은 섬이 있습니다.
　　③ 9じからしごとをはじめるために、7じにはいえをでます。
　　　9시부터 일을 시작하기 위해 7시에는 집을 나갑니다.
　　④ どうしてもおぼえられないかんじがあります。
　　　아무리 해도 외워지지 않는 한자가 있습니다.
　　⑤ だいがくのちかくにはおいしいようしょくのおみせがたくさんあります。
　　　대학교 근처에는 맛있는 양식 가게가 많이 있습니다.
　　⑥ らいげつ、たいしかんにいかなければなりません。
　　　다음 달 대사관에 가지 않으면 안 됩니다.
　　⑦ さいきん、おかしのつくりかたをべんきょうしています。
　　　최근 과자 제조법을 공부하고 있습니다.
　　⑧ なつやすみのおもいでをさくぶんにかきます。
　　　여름방학의 추억을 작문으로 씁니다.
　　⑨ ここにはいろいろなぶんがくさくひんがあります。
　　　여기에는 여러 가지 문학작품이 있습니다.
　　⑩ このりょうりは、たくさんさとうをつかいます。
　　　이 요리는 많은 설탕을 사용합니다.
　　⑪ じどうしゃがあるとべんりですが、おかねがたくさんかかります。
　　　자동차가 있으면 편리하지만 돈이 많이 듭니다.
　　⑫ このでんわをしようするときは、おかねをいれてください。
　　　이 전화를 사용할 때는 돈을 넣어 주세요.

3　① 作[ります]　② 使[います]　③ 体力　④ 大体
　　⑤ 西洋　⑥ 体　⑦ 仕[かた]　⑧ 作文
　　⑨ 不便　⑩ 体重　⑪ 漢文　⑫ 作業

4　① 作文は文字をたくさん書くので、手がつかれます。
　　　작문은 문자를 많이 쓰므로 손이 지칩니다.
　　② ずっとスポーツをしているので、体力には自しんがあります。
　　　줄곧 스포츠를 하고 있으므로 체력에는 자신이 있습니다.

③ 西洋のものがたりには、よくきれいな女の人が出てきます。
　서양의 신화에는 자주 예쁜 여자가 나옵니다.

④ 漢文の勉強はむずかしいです。
　한문 공부는 어렵습니다.

⑤ わたしは一年に大体10さつ本を読みます。
　저는 1년에 대체로 10권의 책을 읽습니다.

⑥ 自動車がないと、とても不便です。
　자동차가 없으면 매우 불편합니다.

⑦ 今日はわたしがりょう理を作ります。
　오늘은 제가 요리를 만듭니다.

⑧ 体がとてもつかれて動けません。
　몸이 매우 지쳐서 움직일 수 없습니다.

⑨ かれは運転の仕かたが下手だから、いっしょに車に乗りたくないな。
　그는 운전이 서툴러서 함께 차를 타고 싶지 않는데……

⑩ 病気で体重が5kgへってしまいました。
　병으로 체중이 5kg 줄어 버렸습니다.

⑪ 同じ作業ばかりしていると、だんだんねむくなってきます。
　같은 작업만 하고 있으면 점점 졸려옵니다.

⑫ ほかの人のパソコンをかってに使わないでください。
　다른 사람의 컴퓨터를 마음대로 사용하지 말아 주세요.

5
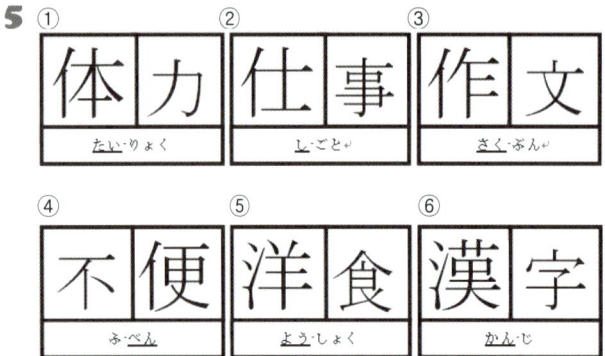

① 体力　たいりょく
② 仕事　しごと
③ 作文　さくぶん
④ 不便　ふべん
⑤ 洋食　ようしょく
⑥ 漢字　かんじ

Lesson 18 (p86)

1
① しゆうち　② わたし　③ あきかぜ　④ ち[しき]
⑤ こうちけん　⑥ みじか[い]　⑦ たん[き]　⑧ りょ[かん]
⑨ [みん]ぞく　⑩ しんぶんし　⑪ お[わります]　⑫ [さい]しゅう

2
① サッカーのちしきではだれにもまけません。
　축구 지식에서는 누구에게도 지지 않습니다.

② この<u>もん</u>の<u>なか</u>は<u>し</u>ゆう<u>ち</u>なので<u>はい</u>ってはいけません。

이 문 안은 사유지이므로 들어가서는 안됩니다.

③ <u>あつ</u>い<u>なつ</u>が<u>おわ</u>って<u>あき</u>かぜがふくようになりました。

더운 여름이 끝나고 가을 바람이 불게 되었습니다.

④ <u>せんげつ</u>、<u>こうちけん</u>に<u>みっかかん</u> <u>い</u>ってきました。

저번 달 고치현에 3일간 다녀왔습니다.

⑤ <u>ちゅうごく</u>にはたくさんの<u>みんぞく</u>がいます。

중국에는 많은 민족이 있습니다.

⑥ <u>りょかん</u>に<u>い</u>って<u>おんせん</u>にゆっくり<u>はい</u>りたいです。

여관에 가서 온천에 느긋하게 들어가고 싶습니다.

⑦ <u>ひっこし</u>の<u>とき</u>は<u>しんぶんし</u>でコップをつつみます。

이사 때는 신문지로 컵을 포장합니다.

⑧ <u>わたし</u>は<u>みじか</u>い<u>かみ</u>の<u>おんな</u>の<u>ひと</u>が<u>す</u>きです。

저는 짧은 머리의 여자를 좋아합니다.

⑨ <u>たんきかん</u>の<u>りゅうがく</u>でしたが、<u>い</u>ろんな<u>こと</u>を<u>べんきょう</u>できてよかったです。

단기간의 유학이었지만 여러 가지 일을 공부할 수 있어서 좋았습니다.

⑩ <u>こんしゅう</u>、<u>わたし</u>の<u>いえ</u>で<u>しょくじかい</u>を<u>ひら</u>こうと<u>おも</u>っています。

이번 주 저의 집에서 회식을 열려고 생각하고 있습니다.

⑪ <u>しゅうでん</u>は、<u>ごぜん</u>1<u>じ</u>に<u>しゅっぱつ</u>します。

막차는 오전 1시에 출발합니다.

⑫ それでは、<u>きょう</u>の<u>じゅぎょう</u>はこれで<u>おわ</u>ります。

그러면, 오늘 수업은 이것으로 마치겠습니다.

3 ① 短気　　　　② 終電　　　　③ 短所　　　　④ 旅行
　　⑤ 旅人　　　　⑥ 家族　　　　⑦ 用紙　　　　⑧ 手紙
　　⑨ 秋田県　　　⑩ 私立大学　　⑪ 秋分[の]日

4 ① <u>来月</u>は、<u>一週間</u>の<u>旅行</u>に<u>行</u>くよていです。

다음 달은 1주일간 여행을 갈 예정입니다.

② この<u>用紙</u>に<u>名前</u>と<u>住</u>しょをき<u>入</u>してください。

이 용지에 이름과 주소를 기입해 주세요.

③ <u>秋田県</u>にはび<u>人</u>が<u>多</u>いと<u>言</u>われています。

아키타현에는 미인이 많다고 말해지고 있습니다.

④ <u>仕事</u>が<u>終</u>わるのがおそくなって<u>終電</u>に<u>乗</u>れませんでした。

일이 끝나는 것이 늦어져서 막차를 탈 수 없었습니다.

⑤ かれは<u>短気</u>ですぐに<u>おこ</u>るから<u>気</u>をつけたほうがいいよ。

그는 급한 성질때문에 바로 화를 내니까 조심하는 편이 좋아요.

⑥ とおくに<u>住</u>んでいるかれしから<u>手紙</u>がとどきました。

멀리에 살고 있는 그이로부터 편지가 도착했습니다.

⑦ <u>人</u>はみな、<u>人生</u>の<u>旅人</u>です。

사람은 모두 인생의 나그네입니다.

⑧ <u>秋分</u>の<u>日</u>には、<u>昼</u>とよるの<u>長</u>さがほとんど<u>同</u>じになります。
　추분 날에는 낮과 밤의 길이가 거의 같게 됩니다.
⑨ <u>私</u>の<u>家族</u>は<u>今</u>、<u>東京</u>に<u>住</u>んでいます。
　저의 가족은 지금 도쿄에 살고 있습니다.
⑩ <u>私立大学</u>に<u>通</u>うためにはたくさんのお<u>金</u>がかかります。
　사립대학에 다니기 위해서는 많은 돈이 듭니다.
⑪ かのじょは<u>朝</u> 起きられないのが<u>短所</u>だ。
　그녀는 아침에 일어날 수 없는 것이 단점입니다.

5

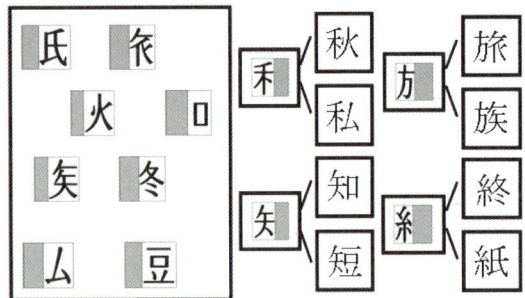

Lesson 19　(p90)

1　① ぎゅう[にゅう]　② [やき]にく　③ やさい　④ [お]ちゃ
　　⑤ [きっ]さてん　⑥ ゆうはん　⑦ やたい　⑧ おくじょう
　　⑨ [へ]や　⑩ うみ　⑪ あじみ　⑫ ほっかいどう

2　① <u>しょくじ</u>のあとには<u>おちゃ</u>がの<u>み</u>たくなります。
　　　식사 후에는 차를 마시고 싶어 집니다.
　　② <u>おくじょう</u>から<u>み</u>た<u>まち</u>はとてもきれいでした。
　　　옥상에서 본 거리는 매우 예뻤습니다.
　　③ <u>かぞく</u>といっしょに<u>やきにく</u>を<u>た</u>べに<u>い</u>きました。
　　　가족과 함께 불고기를 먹으러 갔습니다.
　　④ <u>ちょうしょく</u>はパンと<u>ぎゅうにゅう</u>だけでした。
　　　조식은 빵과 우유뿐이었습니다.
　　⑤ <u>しょくじかい</u>の<u>あと</u>は<u>きっさてん</u>でゆっくりコーヒーを<u>の</u>みませんか。
　　　회식 후에는 다방에서 천천히 커피를 마시지 않겠습니까?
　　⑥ <u>ほっかいどう</u>の<u>た</u>べものはおいしいです。
　　　홋카이도의 음식은 맛있습니다.
　　⑦ <u>けんこう</u>のために、<u>にく</u>だけでなく<u>やさい</u>もしっかり<u>た</u>べましょう。
　　　건강을 위해 고기뿐만 아니라 야채도 확실히 먹읍시다.

⑧ <u>いっしゅうかん</u>に<u>いっかい</u>はへやのそうじをします。
일주간에 한 번은 방 청소를 합니다.

⑨ <u>きょうのゆうはん</u>はカレーライスなのでうれしいです。
오늘 저녁밥은 카레라이스라서 기쁩니다.

⑩ <u>あじみ</u>をしたらうすかったので、しおを<u>いれ</u>ました。
간을 봤더니 싱거워서 소금을 넣었습니다.

⑪ <u>ともだち</u>といっしょに<u>うみ</u>へ<u>およぎ</u>に<u>いき</u>ます。
친구와 함께 바다에 헤엄치러 갑니다.

⑫ <u>やたい</u>で<u>た</u>べたラーメンがおいしかったです。
포장마차에서 먹었던 라면이 맛있었습니다.

3 ① 牛　　　② 飯　　　③ 肉屋　　　④ 野菜
　　　⑤ 茶色　　　⑥ 茶道　　　⑦ [ご]飯　　　⑧ 屋上
　　　⑨ 本屋　　　⑩ 海水　　　⑪ 味方　　　⑫ 持[ち]味

4 ① このりょう<u>理</u>には<u>野菜</u>がたくさん<u>入</u>っています。
　　　이 요리에는 야채가 많이 들어가 있습니다.

② あの<u>本屋</u>の<u>中</u>にはカフェがあります。
　　　저 서점 안에는 카페가 있습니다.

③ <u>大</u>きな<u>本屋</u>さんにはたくさん<u>本</u>があります。
　　　큰 서점에는 많은 책이 있습니다.

④ あの<u>人</u>は、あまりたくさんご<u>飯</u>を<u>食</u>べません。
　　　저 사람은 별로 많이 밥을 먹지 않습니다.

⑤ <u>妹</u>はイタリアりょう<u>理</u>のことをイタ<u>飯</u>と<u>言</u>います。
　　　여동생은 이탈리아요리를 이타밥이라고 말합니다.

⑥ <u>肉屋</u>さんにお<u>肉</u>を<u>買</u>いにいきます。
　　　정육점에 고기를 사러 갑니다.

⑦ <u>海水</u>はなめるとしょっぱいです。
　　　바닷물는 맛보면 짭니다.

⑧ <u>元気</u>がいいのがかれの<u>持ち味</u>です。
　　　씩씩한 것이 그의 개성입니다.

⑨ <u>北海道</u>には<u>牛</u>がたくさんいます。
　　　홋카이도에는 소가 많이 있습니다.

⑩ <u>屋上</u>で<u>休</u>けいしましょう。
　　　옥상에서 휴식합시다.

⑪ <u>私</u>はいつまでもあなたの<u>味方</u>です。
　　　저는 언제까지나 당신 편입니다.

⑫ <u>野村</u>さんのしゅ<u>味</u>は<u>茶道</u>です。
　　　노무라씨의 취미는 다도입니다.

5

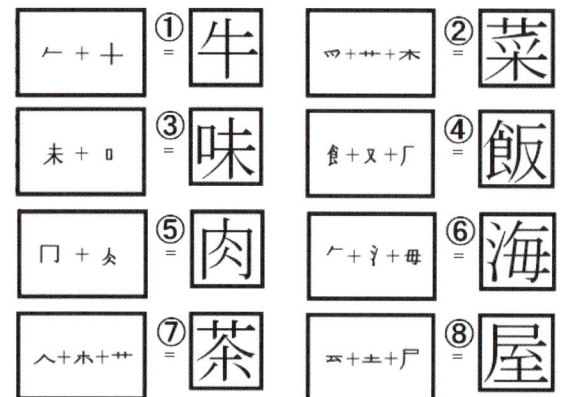

Lesson 20 (p94)

1　① か[わります]　② こころ[みます]　③ めんたいこ　④ よる
　　⑤ いがい　　　　⑥ そんちょう　　⑦ だい[ひょう]　⑧ し[けん]
　　⑨ いぬ　　　　　⑩ よ[ふかし]　　⑪ えん[りょ]　　⑫ ていがくねん

2　① はかたにいったらめんたいこをかってきてほしいな。
　　　하카타에 가면 명란젓을 사 오면 좋겠다아.
　　② ここでたばこをすうのはごえんりょください。
　　　여기서 담배를 피우는 것은 삼가해 주세요.
　　③ きょうのアルバイトはよる7じからです。
　　　오늘 아르바이트는 저녁 7시까지 입니다.
　　④ すしは、にほんのだいひょうてきなりょうりです。
　　　초밥은 일본의 대표적인 요리입니다.
　　⑤ あたらしいほうほうをこころみたけどしっぱいしてしまった。
　　　새로운 방법을 시도해보았지만 실패해 버렸다.
　　⑥ あたらしいそんちょうはとてもいいひとです。
　　　새로운 촌장은 매우 좋은 사람입니다.
　　⑦ わたしのおとうとはまだていがくねんです。
　　　저의 남동생은 아직 저학년입니다.
　　⑧ きまったばしょいがいでは、たばこをすってはいけません。
　　　정해진 장소 이외에는 담배를 피워서는 안됩니다.
　　⑨ こんやのしごと、かわってもらえませんか。
　　　오늘밤 일, 바꿔 주지 않겠습니까?
　　⑩ きんじょのひとから、いぬをもらいました。
　　　이웃 사람에게 개를 받았습니다.

⑪ <u>あした</u>は<u>にほんご</u><u>かいわ</u>の<u>し</u>けんがあります。
　　내일은 일본어회화 시험이 있습니다.
⑫ きのう、<u>よふかし</u>したので<u>きょう</u>は<u>あたま</u>がいたいです。
　　어제, 밤샘을 해서 오늘은 머리가 아픕니다.

3　① 太[い]　　　② 村　　　　③ 遠[い]　　　④ 低[い]　　　⑤ 子犬
　　　⑥ 試[します]　⑦ 以上　　　⑧ 以前　　　⑨ 代金　　　⑩ 入試
　　　⑪ 今夜　　　　⑫ 遠足　　　⑬ 低下　　　⑭ 山村

4　① 食事の<u>代金</u>は、<u>私</u>がはらいます。
　　　식사의 대금은 제가 내겠습니다.
　　② つぎの<u>遠足</u>は<u>遠</u>くの<u>山</u>にのぼります。
　　　다음 소풍은 먼 산을 오릅니다.
　　③ さい<u>近</u>、足が<u>太</u>くなってきました。
　　　요즘 다리가 굵어졌습니다.
　　④ サイズが<u>合</u>うかどうか<u>試</u>してから<u>買</u>いました。
　　　사이즈가 맞을지 어떨지 시험해보고 샀습니다.
　　⑤ <u>午後</u>から<u>気</u>おんが<u>低下</u>して、<u>雪</u>になります。
　　　오후부터 기온이 저하하여(떨어져) 눈이 내립니다.
　　⑥ <u>台風</u>の<u>夜</u>はあまり<u>家</u>から<u>出</u>ません。
　　　태풍(이 부는) 밤에는 별로 집에서 나가지 않습니다.
　　⑦ <u>私</u>の<u>父</u>は、<u>小</u>さいころ<u>山村</u>でそだちました。
　　　저의 아버지는 어린 시절 산촌에서 자랐습니다.
　　⑧ <u>以前</u>はとても<u>小</u>さかった<u>子犬</u>が、<u>今</u>ではとても<u>大</u>きくなりました。
　　　이전에는 매우 작았던 강아지가 지금은 매우 커졌습니다.
　　⑨ <u>大学入試</u>のてんすうがとても<u>低</u>かったので、おちこんでいます。
　　　대학입시 점수가 매우 낮았기 때문에 침체해 있습니다.
　　⑩ <u>試</u>けんのてんすうが80てん<u>以上</u>だと、<u>合</u>かくです。
　　　시험 점수가 80점 이상이면 합격입니다.
　　⑪ <u>同</u>じ<u>村</u>の<u>田中</u>さんが<u>有名</u>になりました。
　　　같은 마을의 다나카씨가 유명해졌습니다.

5　①　②　③　④
　　以　代　遠　試
　　⑤　⑥　⑦　⑧
　　低　犬　村　夜

1 ① さ[ります]   ② そうしゃ   ③ ほうげん   ④ [か]こ
     ⑤ ほどう   ⑥ [さん]ぽ   ⑦ だいじ   ⑧ しごと
     ⑨ こうじょう   ⑩ き[たく]   ⑪ ばしょ   ⑫ [さ]べつ

2 ① きんじょのこうじょうのけむりでくうきがよごれています。
     근처의 공장의 연기로 공기가 더러워져 있습니다.
     ② かこよりいまがたいせつです。
     과거보다 지금이 중요합니다.
     ③ ほどうをあるいていると、むこうからきむらさんがきました。
     보도를 걷고 있었더니 맞은편에서 기무라씨가 왔습니다.
     ④ まいにち、よるの9じにはきたくしています。
     매일 밤 9시에는 귀가합니다.
     ⑤ しごとがおわったあとのシャワーはとてもきもちいいです。
     일이 끝난 후의 샤워는 매우 기분 좋습니다.
     ⑥ つぎのそうしゃがきたらわたしのでばんです。
     다음 주자가 오면 저의 차례입니다.
     ⑦ かのじょはおこってさっていきました。
     그녀는 화가 나서 떠나갔습니다.
     ⑧ あおもりけんのほうげんはなにをいっているのかぜんぜんわかりません。
     아오모리현의 방언은 무엇을 말하고 있는 건지 전혀 모릅니다.
     ⑨ たなかさんは、かのじょをとてもだいじにしていました。
     다나카씨는 그녀를 매우 소중하게 여기고 있습니다.
     ⑩ せかいにはいろいろなさべつ もんだいがあります。
     세계에는 여러 가지 차별 문제가 있습니다.
     ⑪ きょうはちがうみちをさんぽしてみようかな。
     오늘은 다른 길을 산책해 볼까아.
     ⑫ きがついたらぜんぜんしらないばしょにきてしまいました。
     정신이 들고보니 전혀 모르는 장소에 와 버렸습니다.

3 ① 去[ります]   ② 走[ります]   ③ 歩[きます]   ④ 所   ⑤ 別[れます]
     ⑥ 帰[ります]   ⑦ 一方   ⑧ 去年   ⑨ 歩行   ⑩ 人事
     ⑪ 場合   ⑫ 所有   ⑬ 別人   ⑭ 帰国

4 ① 来月、帰国するよていです。
     다음 달 귀국할 예정입니다.
     ② 暗い所で本を読むと、目が悪くなります。
     어두운 곳에서 책을 읽으면 눈이 나빠집니다.

③ <u>明日</u> <u>雨</u>がふった<u>場合</u>、<u>遠足</u>は<u>中止</u>です。
　　내일 비가 내릴 경우 소풍은 중지(취소)입니다.
④ <u>歩行中</u>は、たばこをすってはいけません。
　　보행 중은 담배를 피워서는 안됩니다.
⑤ <u>去年</u>の<u>今</u>ごろは、とても<u>寒</u>かったですが、<u>今年</u>はそうでもないですね。
　　작년 지금쯤은 매우 추웠지만, 올해는 그렇지도 않네요.
⑥ <u>人事</u>の<u>仕事</u>は、とても<u>大事</u>な<u>仕事</u>です。
　　인사 일은 매우 중요한 일입니다.
⑦ <u>毎朝</u>10km<u>走</u>ります。
　　매일 아침 10km 달립니다.
⑧ <u>今回</u>は<u>一方</u>てきな<u>試合</u>になりました。
　　이번은 일방적인 시합이 되었습니다.
⑨ かなしみは、<u>時間</u>とともに<u>去</u>ります。
　　슬픔은 시간과 함께 사라집니다.
⑩ その<u>電話</u>の<u>所有者</u>は、まったくの<u>別人</u>です。
　　그 전화의 소유자는 전혀 다른 사람입니다.
⑪ <u>今年</u>の<u>正月</u>、<u>家</u>に<u>帰</u>るつもりです。
　　올해 정월 집에 돌아갈 생각입니다.

5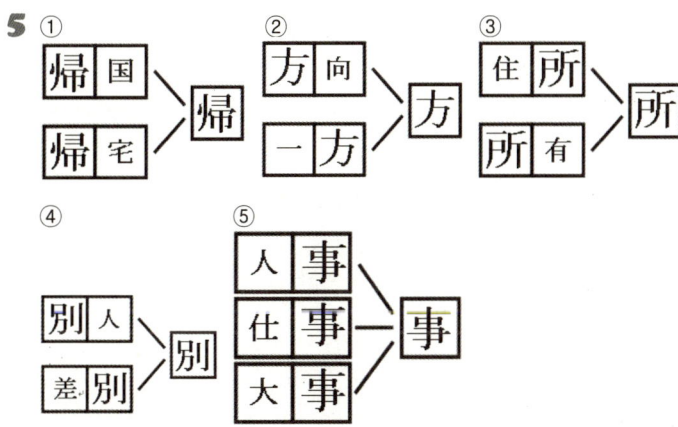

Lesson 22 (p102)

1 ① なら[います]　② うた　③ しんせつ　④ しけん
　　⑤ [けい]けん　⑥ しゅう[かん]　⑦ きょう[か]しょ　⑧ けん[しゅう]
　　⑨ [かい]せつ　⑩ こっか　⑪ りょうり　⑫ としょかん

2 ① <u>らいげつ</u>の12<u>にち</u>に<u>だいじ</u>な<u>しけん</u>があります。
　　다음 달 12일에 중요한 시험이 있습니다.

② サッカーの<u>し</u><u>あい</u>が<u>おわ</u>った<u>あと</u>は、<u>こっか</u>を<u>うた</u>います。
축구 시합이 끝난 후는 국가를 부릅니다.
③ <u>せんせい</u>の<u>かいせつ</u>はむずかしくてよく<u>わか</u>りません。
선생님의 해설은 어려워서 잘 모릅니다.
④ <u>りょこうさき</u>でとても<u>しんせつ</u>なおじいさんに<u>あ</u>いました。
여행지에서 매우 친절한 할아버지를 만났습니다.
⑤ <u>きょうかしょ</u>を<u>いえ</u>に<u>わす</u>れてきてしまいました。
교과서를 집에 잊어버리고 와 버렸습니다.
⑥ <u>けんしゅう</u>の<u>あいだ</u>、<u>わか</u>らない<u>こと</u>は<u>なん</u>でも<u>き</u>いてください。
연수 동안, 모르는 것은 무엇이든지 물어 주세요.
⑦ <u>いま</u>、<u>にほんご</u>の<u>うた</u>を<u>なら</u>っています。
지금 일본어 노래를 배우고 있습니다.
⑧ <u>がくせい</u>の<u>とき</u>の<u>けいけん</u>が<u>し</u><u>ごと</u>に<u>やく</u>にたちました。
학생 때 경험이 일에 도움이 되었습니다.
⑨ <u>りょうり</u>を<u>つく</u>ったことがないので、<u>はは</u>といっしょに<u>つく</u>ります。
요리를 만들었던 적이 없기 때문에 엄마와 함께 만듭니다.
⑩ <u>としょかん</u>で<u>べんきょう</u>する<u>しゅうかん</u>があります。
도서관에서 공부하는 습관이 있습니다.
⑪ <u>うた</u>の<u>しけん</u>で<u>にほん</u>の<u>うた</u>を<u>うた</u>いました。
노래 시험에서 일본 노래를 불렀습니다.
⑫ <u>だいがくせい</u>の<u>とき</u>、<u>しんせつ</u>な<u>せんぱい</u>に<u>お</u><u>せわ</u>になりました。
대학생 때 친절한 선배에게 신세를 졌습니다.

3 ① 切[ります]　② 習[います]　③ 教[えます]　④ 歌[います]　⑤ 切手
⑥ 体験　⑦ 自習　⑧ 教室　⑨ 研究　⑩ 小説
⑪ 歌手　⑫ 料金　⑬ 旅館

4 ① さい<u>近</u>、<u>弟</u>にサッカーを<u>教</u>えています。
최근 남동생에게 축구를 가르치고 있습니다.
② ひらがなとカタカナは、<u>自習</u>して<u>下</u>さい。
히라가나와 가타카나는 자습해 주세요.
③ ガスの<u>料金</u>をはらっていなかったので、ガスを<u>止</u>められました。
가스 요금을 지불하지 않았기 때문에 가스가 끊겼습니다.
④ <u>旅館</u>の<u>料理</u>がおいしかったです。
여관의 요리가 맛있었습니다.
⑤ <u>京都</u>のお<u>寺</u>で<u>日本文化</u>を<u>体験</u>しました。
교토의 절에서 일본문화을 체험했습니다.
⑥ <u>私</u>はしゅみで<u>切手</u>を<u>集</u>めています。
저는 취미로 우표를 모으고 있습니다.
⑦ あい<u>手</u>の<u>気持</u>ちを<u>考</u>えて<u>話</u>しましょう。
상대방의 기분을 생각하고 이야기합시다.

⑧ 長い小説でしたが、おもしろかったので一日で読んでしまいました。

긴 소설이었지만 재미있었기 때문에 하루 만에 읽어 버렸습니다.

⑨ 研究にはたくさんのお金がかかります。

연구에는 많은 돈이 듭니다.

⑩ 教室では大声を出してはいけません。

교실에서는 큰소리를 내서는 안됩니다.

⑪ 歌手の人に歌を習っています。

가수에게 노래를 배우고 있습니다.

5

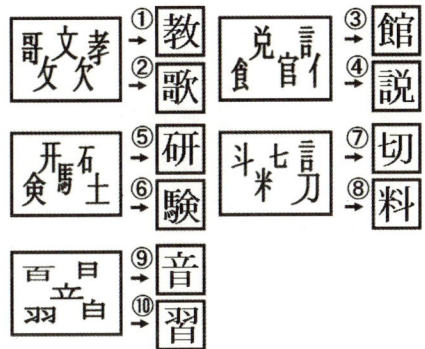

Lesson 23 (p106)

1 ① なごやし ② いちば ③ みんかん ④ あんしん
⑤ せいしゅん ⑥ ぎんいろ ⑦ さんしょく ⑧ ひっし
⑨ ようふく ⑩ どうぶつ ⑪ [に]もつ ⑫ きもの

2 ① あしたのしけんは、しっかりじゅんびしたのであんしんです。

내일 시험은 확실히 준비 했기 때문에 안심입니다.

② みんかんのかいしゃであたらしいくすりのけんきゅうがおこなわれています。

민간 회사에서 새로운 약 연구가 진행되고 있습니다.

③ あたらしいようふくをかいました。

새로운 양복을 샀습니다.

④ だいがくにはいるために、ひっしでべんきょうしました。

대학에 들어가기 위해 필사적으로 공부했습니다.

⑤ あかとあおとしろのさんしょくでえをかきます。

빨강과 파랑과 하양의 삼색으로 그림을 그립니다.

⑥ きむらさんはどうぶつがだいすきです。

기무라씨는 동물을 매우 좋아합니다.

⑦ <u>じもと</u>の<u>ゆうじん</u>から<u>にもつ</u>がとどきました。
현지 친구로부터 짐이 도착했습니다.

⑧ <u>はは</u>から<u>きもの</u>をもらいました。
엄마에게 기모노를 주었습니다.

⑨ <u>かんこく</u>のおはしは<u>ぎんいろ</u>です。
한국의 젓가락은 은색입니다.

⑩ <u>なごや</u>しは<u>あいちけん</u>にあります。
나고야시는 아이치현에 있습니다

⑪ <u>ひと</u>にはそれぞれちがった<u>せいしゅん</u>があります。
사람에게는 각각 다른 청춘이 있습니다.

⑫ <u>いちば</u>では<u>いろん</u>な<u>さかな</u>や<u>やさい</u>が<u>う</u>られています。
시장에서는 여러 가지 생선이랑 야채가 팔리고 있습니다.

3 ① 心 ② 青[い] ③ 色 ④ 死[にます]
⑤ 都市 ⑥ 市民 ⑦ 中心 ⑧ 銀行
⑨ 生死 ⑩ 私服 ⑪ 見物 ⑫ 着物

4 ① かれはクラスの<u>中心</u>てきな<u>人物</u>です。
그는 학급의 중심적인 인물입니다.

② <u>山中</u>さんは<u>青</u>い<u>車</u>に<u>乗</u>っています。
야마나카씨는 파란 차에 타고 있습니다.

③ <u>私服</u>で<u>通</u>える<u>学校</u>に<u>行</u>きたいです。
사복으로 다닐 수 있는 학교에 가고 싶습니다.

④ <u>外国人</u>のともだちに<u>着物</u>をプレゼントしました。
외국인 친구에게 기모노를 선물했습니다.

⑤ <u>市民</u>の<u>安</u>ぜんをまもるのがけいさつの<u>仕事</u>です。
시민의 안전을 지키는 것이 경찰의 일입니다.

⑥ <u>人</u>の<u>生死</u>は<u>大</u>きな<u>問題</u>です。
사람의 생사는 큰 문제입니다.

⑦ <u>大</u>きな<u>地</u>しんの<u>時</u>には、たくさんの<u>人</u>が<u>死</u>にました。
큰 지진 때에는 많은 사람이 죽었습니다.

⑧ かれは<u>心</u>がひろいです。
그는 마음이 넓습니다.

⑨ <u>色</u>んな<u>色</u>の<u>建物</u>があります。
여러 가지 색의 건물이 있습니다.

⑩ <u>銀行</u>に<u>行</u>ってお<u>金</u>をおろして<u>来</u>ます。
은행에 가서 돈을 인출해 옵니다.

⑪ <u>東京</u>や<u>大</u>さかなどの<u>都市</u>にはたくさんの<u>人</u>が<u>住</u>んでいます。
도쿄나 오사카 등의 도시에는 많은 사람이 살고 있습니다.

⑫ <u>日本</u>に<u>行</u>ったらたくさんの<u>町</u>を<u>見物</u>したいです。
일본에 간다면 많은 도시를 구경하고 싶습니다.

5

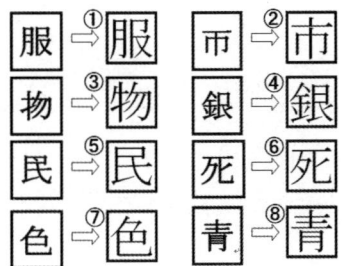

服⇨①服　市⇨②市
物⇨③物　銀⇨④銀
民⇨⑤民　死⇨⑥死
色⇨⑦色　青⇨⑧青

■ 復習テスト・実力テスト答 복습테스트・실력테스트 답안 ■

Part 1 復習テスト(p60)

1 ① ひんしつ ② [ろう]どう ③ ぶんや ④ としょ ⑤ り[ゆう]

2 ① 正月 ② 元日 ③ 洗顔 ④ 首都 ⑤ 出頭

3 ① すいようび / きゅう / つごう / わる
② しつ / しん / こた / おも
③ はや / げんき / おやこ / うんどう
④ とうきょう / けん / と
⑤ じどうしゃ / うんてん / ふあん
⑥ じてんしゃ / せかいたいかい / わだい

4 (A) ①春 ②夏 ③冬 ④朝 ⑤昼
(B) ①暗 ②軽 ③弟 ④借 ⑤弱 ⑥寒
(C) ①英 ②映 ③医 ④意 ⑤者 ⑥写 ⑦題 ⑧台

Part 2 復習テスト(p110)

1 ① けんきゅう ② しみん ③ おんがく ④ ようふく
⑤ きこく ⑥ あおいろ

2 ① 森林 ② 牛肉 ③ 別人 ④ 説明
⑤ 産業 ⑥ 薬品

3 ① つうがく / きんじょ / ひろば / とお
② びょういん / まちあいしつ / りょうり / しゅっさん
③ りょかん / はん / いけ / なんど
④ しけん / きょうしつ / かんじ / べんきょう
⑤ よる / いぬ / ぼ / たいりょく
⑥ わたし / ちじん / ゆうめい / かしゅ

4　(A)　① 使　② 事　③ 場　④ 有　⑤ 作　⑥ 字　⑦ 開　⑧ 発　⑨ 運　⑩ 物　⑪ 注　⑫ 味

　　　(B)　① 秋　② 終　③ 習　④ 集　⑤ 姉　⑥ 紙　⑦ 止　⑧ 死

N5 漢字 実力テスト(p112)

1　① こくご　　② どくしょ　　③ でんしゃ　　④ ことし　　⑤ か[う]

　　⑥ み[る]　　⑦ てんき　　⑧ しんぶん　　⑨ きゅうじつ　　⑩ かいしゃ

　　⑪ がっこう　　⑫ ふぼ　　⑬ そら　　⑭ はんぶん　　⑮ じかん

　　⑯ てあし　　⑰ たか[い]　　⑱ なが[い]

2　① 先生　　② 駅名　　③ 安[い]　　④ 飲食店　　⑤ 来年

　　⑥ 男女　　⑦ 何本　　⑧ 上手　　⑨ 外人　　⑩ 毎週

　　⑪ 立[つ]　　⑫ 魚　　⑬ 花　　⑭ 白[い]　　⑮ 午後

　　⑯ 耳

3　[A]　① 月　② 火　③ 水　④ 木　⑤ 金　⑥ 土　⑦ 日

　　[B]　⑧ 東　⑨ 西　⑩ 南　⑪ 北

　　[C]　① 目　② 耳　③ 口

4　① 新　　② 気　　③ 日　　④ 大

5　① 五時四十分　　② 駅　　③ 前　　④ 食　　⑤ 行

　　⑥ 一万円　　⑦ 山川　　⑧ 友　　⑨ 来　　⑩ 話

6　① 下　　② 出　　③ 古　　④ 右　　⑤ 後

　　⑥ 少